Miti dell'Antica Sicilia

IGNAZIO CALOGGERO

Sommario

Introduzione

Questo lavoro segue un precedente lavoro la cui stesura risale ai primi anni 90 anche se l'effettiva pubblicazione con il titolo: "Culti, Miti e Leggende dell'Antica Sicilia" è avvenuta parecchi anni dopo, nel 2017. Dal primo lavoro degli anni 90, rivisto e ampliato, ho deciso di realizzare 2 volumi, il primo (Culti dell'Antica Sicilia) concentrato unicamente sulle antiche religioni, ed un secondo (Miti dell'Antica Sicilia) concentrato sui cosiddetti eroi ed altre figure mitologiche del passato per certi aspetti diverse dai miti religiosi.

Questo secondo volume, quindi, completa il percorso iniziato con "Culti dell'Antica Sicilia" che invito a leggere per una migliore vista di insieme.

La quasi totalità dei miti trattati in questo volume risulta il frutto della mitizzazione dei rapporti tra la Sicilia e le Regioni del Mediterraneo Orientale. La Sicilia, a causa della sua posizione strategica e al commercio dell'ossidiana che interessò in modo particolare le isole Eolie, ebbe significativi contatti con le regioni del mediterraneo orientale già a partire dal neolitico. I contatti con il mondo egeo-anatolico continuarono con l'inizio dell'età dei metalli e si intensificarono con l'età del bronzo, quando la ricerca dei metalli faceva sì che la Sicilia funzionasse da stazione lungo quella che veniva considerata la via dello stagno[1].

Una presenza proveniente dall'Egeo doveva esistere in Sicilia nell'età del bronzo quando in Grecia fioriva ancora la civiltà minoica. Il tipo di presenza doveva essere prevalentemente del tipo commerciale, quindi con superficiali e non duraturi contatti con le popolazioni indigene, anche se i ritrovamenti avvenuti a **S. Angelo di Muxaro** e a **Thapsos**, farebbero supporre che in alcuni casi esistesse una qualche forma stabile di permanenza.

L'isola di **Creta** vide alla luce la prima importante civiltà europea, e cioè la **civiltà minoica**, che raggiunse il suo culmine verso il XVI sec. a.C. Creta fu al centro di un'intensa attività commerciale e marinara, questo portò probabilmente i Cretesi ad avere rapporti commerciali, anche se forse non duraturi, con le popolazioni indigene della Sicilia influenzandone la cultura e quindi anche i miti. Verso il 2500 a.C., dalle zone del Danubio scendono in Grecia popolazioni Indoeuropee, tra cui gli **achei** che venuti a contatto con la cultura minoica ne assorbono le caratteristiche. La cultura che ne viene fuori prende il nome dalla città di **Micene**, loro roccaforte, e verrà chiamata **cultura micenea**.

---

1 Jaques Heurgon: Il mediterraneo occidentale – Dalla Preistoria a Roma arcaica

Il massimo splendore della civiltà micenea va dal 1600 al 1150 a.C., dal 1400 al 1200, si ha una grande espansione di questa civiltà nelle regioni del mediterraneo, espansione che tocca anche la Sicilia, come dimostrano le innumerevoli scoperte archeologiche.

Verso il 1150 a.C., un'ulteriore invasione di popoli indoeuropei, quella dei **dori**, pose fine alla civiltà micenea, ciò si traduce in una riduzione della presenza micenea nel mediterraneo, cosa che aprirà le porte alla presenza commerciale nel mediterraneo dell'elemento fenicio.

L'influenza minoica-micenea è riscontrabile in molte zone della Sicilia, ceramica micenea è stata trovata un po' ovunque.

Sono molti i casi di ritrovamenti che dimostrano come la cultura indigena sia stata in qualche modo influenzata da quella egea. Basti ricordare come è' stata riscontrata una certa analogia nelle forme e nella decorazione tra le ceramiche della cultura di Capo Graziano e quelle tipiche delle facies Medio Elladiche di Olimpia (prima metà del II millennio a.C.)[2].

Anche la ceramica dipinta del periodo castelluciano denota influenze egee con le imitazioni della forma della cosiddetta "tazza di Vafiò", ampiamente diffusa in età proto-micenea, così come a Thapsos, anche a Castelluccio è riscontabile l'influenza micenea nei portali delle tombe indigene in cui è presente il motivo miceneo della doppia spirale.

Verso il bronzo recente (XII sec. a.C.) la Sicilia nord-orientale e le isole Eolie vedono ridotta l'influenza micenea a favore di correnti culturali provenienti dall'Italia meridionale, probabilmente a causa dell'arrivo nell'isola degli **Ausoni** dei **Morgeti** e dei **Siculi**.

È probabile che le vie commerciali dei metalli si spostassero verso il sud dell'isola; infatti, l'influenza egea si fa sentire in modo più marcato sulle coste meridionali della Sicilia, in particolare sulle zone della Sicilia centro meridionale, soprattutto a **S. Angelo di Muxaro**, identificato da alcuni con l'antica **Camico**, ove regnava il re sicano Cocalo e legata alla leggenda di Dedalo e Minosse. A **Sant'Angelo di Muxaro**, oltre ad alcune tombe somiglianti alle 'tholoì cretesi-micenesi, furono trovate le quattro coppe d'oro decorate con sei bovini in cui le teste di toro sono di tipo cretese.

---

2 In APARKAI: Nuove ricerche e studi sulla Magna Grecia e la Sicilia antica in onore di Paolo Enrico Arias p.23

Se a questo si aggiunge il fatto che sempre nell'agrigentino nell'insediamento castelluciano di **Monte Grande** è stata ritrovata ceramiche egea risalente al XVI sec. a.C. e che nel complesso i ritrovamenti nello stesso territorio testimoniano contatti non marginali né episodici con il modo egeo a partire dal XVI sec e sino al XII secolo, viene quindi rafforzata l'ipotesi che la leggenda di Dedalo e Minosse possa rispecchiare una intensa frequentazione con il mondo egeo molti secoli prima del periodo cosiddetto coloniale (VIII sec. a.C.). A tal proposito potrebbe essere significativo il fatto che il nome di Cocalo comparirebbe su tavolette in lineare B trovate a Pilo nel Peloponneso[3].

Il **primo capitolo** si riferisce agli eroi, ricordando comunque che la distinzione tra eroi e divinità è da considerarsi simbolica. In realtà, non è facile distinguere gli eroi dalle divinità, poiché il confine che separa le azioni dell'eroe da quelle del dio non sempre è chiaro. Ercole, almeno in vita, fu considerato un eroe, ma dopo la morte assume le caratteristiche di un dio. A lui vengono, infatti, eretti templi ed il suo culto è, quindi, simile a quello di altre divinità. Aristeo è per la mitologia greca una divinità, ma in Sicilia le sue azioni sono considerate eroiche. Per Erice o i Fratelli Pii, invece, è più facile parlare solamente di eroi poiché non esiste un culto che abbia caratteristiche analoghe a quelle di altre divinità.

Il **secondo capitolo** si riferisce alle diverse figure mitologiche, spesso messe in relazione con gli stessi eroi trattati nel primo capitolo e i culti trattati nel primo volume.

I Titani, e i Giganti, figure non sempre considerate distinte dagli antichi autori, che a volte hanno sovrapposto il mito della Gigantomachia a quello della Titanomachia, sono tutti figli di Urano e Gea. Il mito dei Titani è in qualche modo legato all'evoluzione stessa del pensiero religioso dei Greci antichi che da una religione naturale vede la divinizzazione dei vari fenomeni della natura evolversi in senso antropomorfico in cui le divinità cessano di essere mere espressioni di fenomeni naturali, assumendo un aspetto fisico (e non solo) simile a quello dell'uomo[4].

La tradizione popolare siciliana ha voluto mantenere in qualche modo il ricordo dei Giganti che in alcuni racconti popolari vengono visti come uomini grandissimi, mangiatori di uomini, ma, come il loro predecessore Polifemo, dotati di una "minchionaggine" grande non meno della loro statura. Pitrè ricorda un racconto di Serafino Amabile Guastella relativo al gigante

---

3 Sabatino Moscati: La Civiltà Mediterranea.
4 Ignazio Caloggero: Culti dell'Antica Sicilia - Presentazione

di Cabballastru: "mangiatore d'animali e di uomini, domatore di lupi; e rimane annientato da un vecchio, e gettato in un fiume che sprofonda in un pozzo, nella contrada delle Cientu Mangiaturi in Chiaramonte"[5]

Residui del mito dei Giganti potrebbe essere visto nelle manifestazioni dell'Agosto Messinese dove avviene la passeggiata conosciuta come "U Giganti e a Gigantissa" considerati progewnitori dei messinesi.

Il mito dei Ciclopi, come sappiamo, è legato a molti altri miti compreso quello dell'eroe Ulisse che affrontò il ciclope Polifemo. Encelado, a cui si deve la nascita della Sicilia partecipò alla Gigantomachia, stessa cosa per Tifeo-Tifone mito molto similare a quello di Encelado. Bronte, personificazione del tuono, è uno dei tre fratelli conosciuti con l'appellativo di Ciclopi Uranidi. Anche Bronte e i suoi fratelli parteciparono alla Titanomachia ma a differenza dei Titani e dei Giganti erano alleati degli dei dell'Olimpo.

Nel mito dell'eroina Filide leggiamo che si innamora di Acamante figlio di Teseo, l'eroe che aveva sconfitto il Minotauro e i miti di Eolo e quello di Leucosia, Partenope e Ligea raccontati nell'Odissea sono strettamente legati a quello di Ulisse.

---

5 Giuseppe Pitrè: Usi e costumi credenze e pregiudizi del popolo siciliano. p. 205

Il **terzo capitolo** riguarda infine i popoli leggendari legati alla mitologia omerica: Lotofagi, Ciclopi, Feaci e Lestrigoni.

Non va dimenticato infine l'aspetto sincretico che vede trasferire i miti all'interno di manifestazioni legate alle attuali manifestazioni folkloristiche e religiose. Con l'avvento del Cristianesimo, il fenomeno sincretico che faceva affluire nei culti dei santi, i residui del mondo pagano, riguardò anche il culto di Eracle. A Messina, con il sopraggiungere del Cristianesimo, si sarebbe sovrapposto al culto di Eracle quello di **San Giovanni Battista**; si ritiene, infatti, che un'antica statua raffigurante Eracle che porta, sulle spalle, una pelle di leone, fosse stata adattata al culto di S. Giovanni Battista.

Ciaceri racconta come in tempi moderni vigesse, ad Agira, l'usanza di immolare la propria chioma a S. Filippo (il patrono della città) che, in chiave sincretica, ha sostituito, Iolao, l'amico fedele di Eracle[6].
Se i giovani si svegliavano dal loro sonno simile alla morte grazie alle preghiere rivolte a Iolao, San Filippo ha la facoltà di svegliare le persone all'ora precisa che desiderano. Devono solo recitare la seguente preghiera (con puntini l'ora che il devoto indica):

Sal Filippo d'Argirò

Iu dormu e vui no;

Io dormu e vui vigghiati,

Dumani a …. Uri mi sbigghiati" [7]

Infine, laddove la Regione Sicilia ha inserito il Mito di Enea nel registro LIM (Luoghi dell'identità e della Memoria), le singole schede riportano i luoghi interessati.

---

[6] Ciaceri Emanuele: Culti e Miti dell'Antica Sicilia p. 287
[7] Giuseppe Pitrè. Feste Patronali in Sicilia XXIV

1. Eroi

Odisseo (Ulisse)

Origini del Mito

Ulisse è il nome che i latini diedero all'eroe **Odisseo** le cui gesta sono state raccontate da molti autori del passato: Apollodoro, Igino, Pausania, Vigilio e molti altri ancora, ma soprattutto fu raccontato e reso celebre grazie a **Omero**, autore del celeberrimo poema epico **Odissea**.

Ulisse era originario di Itaca, isola della costa occidentale della Grecia nel Mar Ionio. I suoi genitori erano Laerte e Anticlea, figlia di Autolico a sua volta figlio del dio **Hermes**. Secondo alcuni il padre non fu Laerte ma Sisifo che aveva avuto una relazione con Anticlea.

Ulisse, divenuto re di Itaca, sposo Penelope, durante la guerra di Troia, suo malgrado, vi partecipò, fino a quanto, non contribuì, grazie al famoso espediente del "**Cavallo di Troia**", a porre termine alla guerra.

La processione del cavallo di Troia di Giandomenico Tiepolo (National Gallery, Londra)[8]

Dopo dieci anni di lontananza dalla sua terra a causa della guerra di Troia, Ulisse avrebbe voluto far ritorno da sua moglie **Penelope**, ma un numero continuo di situazioni sfortunate lo costrinsero a vagare ancora per altri dieci anni prima di poter ritornare ad Itaca.

Il viaggio di ritorno da Troia a Itaca, suddiviso in dodici tappe (o quattordici) se si includono il punto di partenza (Troia) e di arrivo (Itaca), può essere così sintetizzato:

Prima tappa: Terra dei Ciconi (Tracia).

Dopo la partenza da Troia con 12 navi e 500 uomini, Ulisse approda sulle coste della Tracia per fare razzia al fine di approvvigionarsi delle proviste necessarie al viaggio di ritorno. Ulisse e i suoi uomini, saccheggiano e distruggono Ismaro, città del popolo dei Ciconi, durante la razzia Ulisse risparmia un sacerdote che per sdebitarsi gli regala, tra l'altro, delle anfore di vino forte che saranno utili ad Ulisse quando si incontrerà con Polifemo.

Seconda tappa: Terra dei Lotofagi (coste africane/Sicilia).

Una tempesta fa approdare le navi di Ulisse nella terra dei **Lotofagi** (mangiatori di Loto) che accolsero bene Ulisse e i suoi compagni, offrendo loro il loto un frutto dolcissimo che però fa perdere la memoria. Ulisse è costretto a usare la forza per far risalire i suoi compagni sulle navi e riprendere il viaggio.

Terza tappa: Terra dei Ciclopi (Sicilia).

È questa la tappa che vede Ulisse approdare in Sicilia, alle pendici dell'**Etna**, dove incontrerà il ciclope **Polifemo**.

Quarta tappa: Isola di Eolo (Eolie).

Si tratta di una delle isole **Eolie**, qui incontra il Re dei venti **Eolo** che gli regala un otre contenente i venti contrari alla navigazione.

---

[8]https://it.wikipedia.org/wiki/Processione_del_cavallo_di_Troia#/media/File:The_Procession_of_the_Trojan_Horse_in_Troy_by_Giovanni_Domenico_Tiepolo_(cropped).jpg

Quinta tappa: Terra dei Lestrigoni (Sardegna/Sicilia)

Questa tappa vede la distruzione della flotta delle navi di Ulisse da parte dei Lestrigoni. Si salva unicamente la nave di Ulisse.

Sesta tappa: Terra di Circe (promontorio del Circeo)

La sesta tappa riguarda il promontorio del **Circeo** (Lazio), sede della Maga **Circe** che trasforma i compagni di Ulisse in porci, ma il dio **Hermes** salva Ulisse e i suoi compagni che rimangono ospiti di Circe, divenuta, nel frattempo, ospite generosa.

Settima tappa: Averno (Campania)

Su consiglio della Maga Circe, Ulisse si reca sul lago **Averno** che è l'ingresso del regno dei morti (chiamata appunto Averno o anche Ade) dove l'indovino Tiresia gli dirà delle difficoltà che troverà per ritornare ad Itaca, avvisandolo di non toccare i buoi sacri al dio Sole

Ottava tappa: Terra delle Sirene (Calabria/Sicilia)

Durante il viaggio si avvicina, con la nave nella terra delle sirene (che secondo una tradizione erano tre e avevano il nome di **Leucosia, Partenope e Ligea**) ma grazie ai consigli di Circe, Ulisse usò uno stratagemma che lo avrebbe salvato assieme all'equipaggio: Ulisse si fece legare a un albero della nave e ordinò ai suoi uomini di mettersi alle orecchie dei tappi di cera riuscendo a sfuggire alle tentazioni delle sirene. Secondo la versione di Igino della legenda le sirene non riuscendo nella loro impresa, si uccisero buttandosi in mare.

Nona tappa: Terra di Scilla e Cariddi (Stretto di Messina)

Per tradizione il luogo di **Scilla e Cariddi** è lo stretto di **Messina** sotto il controllo di Scilla e Cariddi. Qui Ulisse, pur riuscendo a passare, perde sei dei suoi uomini. Per i dettagli sul mito delle ninfe Scilla e Cariddi so rimanda al volume "Culti dell'Antica Sicilia".

Decima tappa: Isola del Sole (Sicilia)

Passato lo stretto di Messina, Ulisse approda in Sicilia (chiamata **Trinacria**), dove i suoi uomini mangiano le vacche sacre al dio Sole. **Zeus**, per vendetta scatenò una lunga tempesta durata nove giorni che causo la morte di tutti gli uomini e la perdita della nave.

Undicesima tappa: Isola di Ogigia - Calipso (Gozo/Pantelleria/Ortigia)

Giunto naufrago sull'Isola di **Ogigia** dove incontrò la ninfa **Calipso** che innamoratasi dell'eroe lo trattenne come "prigioniero d'amore" per sette anni fino a quanto Zeus non mandò Hermes a convincere Calipso a lasciarlo andare a bordo di una zattera.

Dodicesima tappa: Isola dei Feaci (Corfù)

La dodicesima tappa è l'isola di Scheria (Corfù), dove viene accolto e da Nausicaa figlia del re Alcino. Alcino, sentito la storia di Ulisse, volle aiutarlo fornendogli una nave che gli permise finalmente di arrivare nella sua amata Itaca.

Il Mito in Sicilia

Delle dodici tappe descritte, ben otto interessano (o potrebbero interessare) la Sicilia, vediamole:

Seconda tappa: Terra dei Lotofagi

Alcuni individuano questi luoghi nelle coste africane altri hanno ipotizzato che la sede dei Lotofagi fosse nella zona meridionale dell'isola e precisamente da Camarina fino ad Agrigento[9]

Terza tappa: Terra dei Ciclopi (Sicilia).

Dell'episodio di Ulisse e Polifemo ne parleremo ampiamente nel capitolo dedicato proprio a Polifemo

Quarta tappa: Isola di Eolo (Eolie).

Dell'episodio di Ulisse e di Eolo ne parleremo ampiamente nel capitolo dedicato proprio a Eolo

Quinta tappa: Terra dei Lestrigoni (Sardegna/Sicilia)

Secondo alcuni la terra dei Lestrigoni, giganti mostruosi non meno cattivi dei Ciclopi, si trovava in Sardegna, secondo altri, tra cui gli storici Tucidide[10] e Fazello[11] i Lestrigoni erano un popolo che viveva in Sicilia. Questa tappa vede la distruzione della flotta delle navi di Ulisse da parte dei Lestrigoni. Si salva unicamente la nave di Ulisse.

---

[9] Discorsi sopra l'antica e moderna Ragusa di Garofalo Filippo. p. 3
[10] Tucidide (lib VI.2)
[11] Fazello: Storia di Sicilia Libro terzo, capitolo secondo

Ottava tappa: Terra delle Sirene (Calabria/Sicilia)

Si rimanda ai miti di Leucosia, Partenope e Ligea.

Nona tappa: Terra di Scilla e Cariddi (Stretto di Messina)

Per tradizione il luogo di **Scilla e Cariddi** è lo stretto di Messina sotto il controllo di Scilla e Cariddi. Qui Ulisse, pur riuscendo a passare, perde sei dei suoi uomini. Si è discusso ampiamente di queste ninfe divenute mostri nel volume "Culti dell'Antica Sicilia" a cui si rimanda per i dettagli[12].

Decima tappa: Isola del Sole (Sicilia)

Passato lo stretto di Messina, Ulisse approda in Sicilia (chiamata Trinacria), dove i suoi uomini mangiano le vacche sacre al dio Sole. Zeus, per vendetta scatenò una lunga tempesta durata nove giorni che causo la morte di tutti gli uomini e la perdita della nave.

Undicesima tappa: Isola di Ogigia - Calipso (Gozo/Pantelleria/Ortigia)

Sono molti i luoghi che autori antichi e moderni hanno indicato come il luogo dove era la grotta in cui Calipso avrebbe vissuto per sette anni con Ulisse. Per semplicità ne enunceremo solo tre.

- **L'isola di Gozo:** L'isoletta facente parte di Malta dove sarebbe stata identificata una grotta conosciuta come **Cava di Calipso**.

- **L'isola di Pantelleria:** Il luogo individuato da alcuni sarebbe la **Grotta Sataria** che si trova sul tratto di costa sudoccidentale dell'isola, tra Località Cimillia e Punta Tre Pietre, sulla strada perimetrale in direzione Scauri. La grotta è anche famosa per le sue vasche di acqua termale. Sateria vuol dire infatti salute. La regione Sicilia ha voluto includere, la grotta tra i luoghi della memoria associati ad Enea.

- **L'isola di Ortigia.** Questa è una teoria poco nota, ne parla Melchiorre Trigilia nel suo "I viaggi ed i luoghi di Sicilia" pubblicato online nella piattaforma "La Sicilia in Rete": Secondo Trigilia, Ortigia va identificata con la Ogigia di Omero in base alla sua

---

[12] Ignazio Caloggero: Culti dell'Antica Sicilia – Scilla e Cariddi

affinità del nome e dal fatto che Ortigia ha nelle vicinanze, molte "cupe spelonche" oltre al fatto che Plemmirio potrebbe essere una deformazione di Cimmerio, luogo dei Cimmeri, che vivevano proprio nelle cupe spelonche[13].

Il Mito nel Registro LIM della Regione Sicilia

La Regione Sicilia ha inserito il Mito di Enea nel registro LIM (Luoghi dell'identità e della Memoria) – Luoghi degli eroi e delle leggende eroiche.

Luoghi indicati nella LIM:

- Scoglio della Torre di Ligny (Trapani)

- Grotta di Sataria (Pantelleria-prov. Trapani)

- Porto di Ulisse (Pachino-prov. Siracusa)

- Grotta di Polifemo (Milazzo-prov. Messina)

- Faraglioni, Arcipelago dei Ciclopi (Aci Trezza-prov. Catania)

- Isole Eolie (prov. Messina)

- Scilla e Cariddi (Stretto di Messina)

- Scogli dello Stretto di Messina

---

[13] http://win.lasiciliainrete.it/STORIAECULTURA/TRIGILIA/ULISSE/ulisse.htm

Eracle (Ercole)

Fontana di Ercole - Noto

Origini del mito

Eracle è senza dubbio l'eroe più popolare di tutta la mitologia greca. I Latini lo chiamarono Ercole e si può dire che quasi tutti i popoli dell'area mediterranea cercarono di appropriarsi della sua gloria, affermando che fosse passato per il loro territorio o identificandolo con uno degli eroi indigeni, come incarnazione locale dell'Eracle greco.

Eracle è figlio di **Alcmena** e di **Anfitrione**, anche se il vero padre è **Zeus** che, approfittando dell'assenza di Anfitrione, ne assunse l'aspetto, riuscendo così ad ingannare Alcmena e passò con lei una notte di amore, la cui durata fu, per ordine di Zeus, di tre giorni e tre notti, durante la quale fu concepito Eracle. L'ennesimo tradimento di Zeus fece arrabbiare molto Era, la moglie ufficiale di Zeus, che perseguitò per tutta la vita Eracle. Il nome Eracle significa: "gloria di Era", significato dai connotati ironici, visti i rapporti tra i due, a meno che non si viglia intendere come "gloria per mezzo di Era", dato che gran parte delle gesta eroiche di Eracle furono proprio dovute alle difficoltà che dovette affrontare a causa dell'instancabile Era.

Moltissimi scrittori dell'antichità parlarono di Eracle, e tra questi non poteva mancare **Diodoro Siculo** che, essendo siculo di nome e di fatto (era nato ad Agirio nel 90 a.C.), più degli altri narrò delle imprese di Eracle in Sicilia[14]. Ciò che caratterizza il racconto di Diodoro Siculo è il fatto che le imprese di Eracle, sono raccontate non solo come le gesta di un eroe siculo, ma in molti casi a capo di un vero e proprio esercito.

Le imprese leggendarie di quest'eroe furono tantissime. Ancora in fasce, strozzò i due serpenti mandati da Era per ucciderlo, famose sono quelle conosciute come le "dodici fatiche di Eracle", ed altre imprese che lo videro a capo di eserciti, e a tante altre avventure secondarie, sopraggiunte durante il compimento delle fatiche.

Le dodici fatiche sono le imprese che Eracle eseguì per ordine del cugino Euristeo, cui dovette sottomettersi, secondo alcune versioni della legenda, per espiare un delitto compiuto in età giovanile, l'uccisione del suo insegnante Lino. Uno dei suoi insegnanti di nome Eumolpo, aveva il compito di insegnargli il canto e l'uso della lira. Un altro insegnate di nome Lino gli insegnava lettere ma una volta dovette sostituire Eumolpo, per cui si occupò anche di dargli una lezione di lira. Eracle non gradì il suo modo di insegnare e Lino gli diede uno schiaffo, per tutta risposta, Eracle, in un eccesso di ira, provocato da Era, gli fracassò la lira in testa, uccidendolo sul colpo.

Diodoro Siculo, mette in relazione le dodici fatiche di Eracle con il volere divino di Zeus di voler sottoporre a dure prove prima di offrirgli l'immortalità[15]. Infatti, racconta Diodoro che Eracle, durante un viaggio a Delfi, fu avvisato dalla Pizia (sacerdotessa di Apollo che recitava le risposte del dio a color oche erano venuti per interrogare l'oracolo di Delfi) che Zeus, suo padre, aveva ordinato di sottomettersi al cugino Euristeo e compiere le dodici fatiche e che, al loro compimento, avrebbe ricevuto in premio l'immortalità[16].

Eracle, che considerava Euristeo a lui inferiore, non prese bene la cosa e attraversò un periodo di instabilità mentale e di scatti di ira. In uno di questi scatti, uccise i figli avuti da Megara e tentò di uccidere suo nipote Iolao che si salvò perché se la diede a gambe. Alla fine, Eracle dovette accettare il volere del padre Zeus, e si presentò alla corte di Euristeo.

---

[14] Diodoro Siculo lib IV

[15] In molte religioni le fatiche, intese anche come sofferenze, sono viste come elementi di un percorso spirituale che porta alla salvezza spirituale

[16] Diodoro Siculo lib IV. 10

Sala d'Ercole – Palazzo dei Normanni – Palermo, sede dell'Assemblea Regionale

Ecco una breve sintesi delle dodici fatiche di Eracle.

1.   Uccisione dell'invulnerabile leone di Nemea

Nella sua prima impresa Eracle, affrontò e uccise, soffocando a mani nude, un leone che terrorizzava gli abitanti di Nemea che non poteva essere ucciso con le armi, avendo una pelle invulnerabile.

2.   Uccisione dell'idra di Lerna

Nella sua seconda fatica Eracle uccise l'Idra, mostro metà ninfa e metà serpente (secondo alcune versioni della leggenda, metà drago e metà serpente), che aveva nove teste di cui una immortale e che viveva nel territorio dell'Argolide (Peloponneso, Grecia), presso la palude di Lerna. In questa impresa si fece aiutare dal fido Iolao a cui chiese di bruciare le teste mortali di Idra alla radice, man mano che le tagliava, in modo da creare un effetto cauterizzante e bloccare il sangue che usciva, impedendo alle teste di ricrescere. L'ultima testa, quella immortale, fu completamente spappolata da Eracle con un enorme masso.

3.   Cattura del cinghiale d'Erimanto

Un immenso cinghiale che viveva sul monte Erimanto. Eracle lo catturò il cinghiale vivo e lo portò da Euristeo che alla vista del cinghiale, impaurito si nascose dietro un vaso di bronzo.

4.   Cattura della cerva di Cerinea

La Cerva dalle corna d'oro che viveva sul monte Cerinea e che nessuno riusciva a raggiungere, tanta era la sua velocità in corsa. Eracle fu costretto a inseguire la cerva per un intero anno, fino a prenderla per stanchezza.

5.   Sterminio degli uccelli del lago Stinfalo

Nella sua sesta fatica, Eracle sterminò gli uccelli del lago Stinfalo che con i loro artigli e ali di bronzo terrorizzavano gli umani di Stinfalo in Arcadia.

6. Pulizia delle stalle di Augia

Augia, re degli Epei, da trent'anni non puliva le stalle in cui vivevamo i suoi buoi, oltre tremila, affidò all'incarico di pulirle ad Eracle, che usò uno stratagemma, deviò nelle stalle il corso del fiume Alfeo che pulì, con la forse delle proprie correnti le stalle dal letame. Per questa fatica Eracle ebbe in compenso la decima parte dei buoi.

7. Cattura del toro di Creta.

Nella settima fatica Eracle catturò il feroce toro che Poseidone aveva inviato per punire Minosse che aveva trascurato di effettuare dei sacrifici in suo onore. Il toro è lo stesso che vedremo nel Mito di Dedalo e Minosse di cui si innamorò Pasifae.

8. Cattura dei cavalli di Diomede.

Nella ottava fatica Eracle uccise il feroce Diomede che aveva l'amabile cortesia di nutrire i suoi cavalli con la carne degli stranieri che incontrava. Eracle ricambio la cortesia a Diomede facendo sì che fosse divorato dai suoi stessi cavalli. Domati i cavalli, li porto ad Euristeo che li consacrò ad Era[17]. Secondo alcune versioni del mito, Euristeo alla fine preferì lasciarle libere.

9. Conquista della cintura di Ippolita, regina delle Amazzoni.

Euristeo comando a Eracle di rubare la cintura di Ippolita, regina delle Amazzoni per donarla alla propria figlia. Eracle affrontò le Amazzoni, e dopo averne ucciso molte, compreso la regina, prese la cintura per portarla ad Admeta, la figlia del re Euristeo.

10. Cattura dei buoi di Gerione.

Fra le dodici fatiche è durante la decima che avvennero quasi tutte le avventure che gli sono attribuite nell'Occidente Mediterraneo. Eracle, in questa fatica, doveva conquistare i buoi di Gerione, il gigante dalle tre teste e sei braccia, figlio di Poseidone. Gerione possedeva nell'isola di Erizia, situata nell'estremo Occidente, una mandria di buoi ed Euristeo ordinò a Eracle di andare nell'isola a prelevarli. Per tale fatica Eracle organizzo una grande spedizione e una grossa quantità di soldati, sufficienti per l'impresa, che radunò a Creta, punto di partenza dell'impresa che lo portò in luoghi molto distanti tra di loro, Libia, Egitto, l'Oceano presso

---

[17] Diodoro Siculo, Lib. IV. 15

Gadeira, dove eresse le famose colonne d'Ercole. In Iberia combatté e vinse tre eserciti guidati dai figli di Crisaoro, e diede in dono, ad un re degli indigeni, che eccelleva per devozione religiosa e senso di giustizia, parte dei suoi buoi. Il re locale, accettando il regalo, decise che da allora venisse sacrificato ad Eracle, il più bel toro della mandria. C'è da chiedersi quale relazione possa essere individuata tra questo sacrificio è quello che ancora oggi vede dei tori "sacrificati" durante le corride spagnole.

Dopo l'Iberia, passo in territorio celtico, nella Gallia, dove fondo la città di Alesia[18], successivamente, scendendo dalle Alpi, attraversò la Liguria, la Toscana, il Lazio, la Campania, dove nei pressi del Vesuvio lottò e vinse i Giganti locali. Dopo la Campania, scese verso il sud, attraverso una strada costiera da lui costruita, la via Eraclea, fino ad arrivare fino in Sicilia per poi risalire l'Italia, attraverso la costa adriatica e ritornare nel Peloponneso[19].

11. Cattura del cane Cerbero.

Nella undicesima fatica Eracle si recò all'inferno e con il permesso di Ade, dio dell'oltretomba prese con sé Cerbero, il cane a tre teste che stava di guardia all'ingresso, per portarlo da Euristeo che però gli impose di riportarlo all'inferno.

12. Conquista dei pomi aurei del giardino delle ninfe Esperidi.

Nell'ultima fatica Euristeo ordinò ad Eracle di riportare a Micene tre mele (o pomi) d'oro provenienti dal leggendario Giardino delle Esperidi, in Libia, le tre Ninfe che custodivano il luogo sacro. Le mele d'oro erano custodite dal drago Ladone e dal titano Atlante. Eracle uccise il drago e con un inganno riuscì a "far fesso" Atlante portando via i pomi aurei.

Le fatiche dovevano essere inizialmente dieci ma Euristeo non volle riconoscerne due: la seconda, in relazione alla uccisione dell'Idra, in quando fu aiutato dal fido Iolao e la quinta, in occasione del repulisti delle stalle di Augia, in quanto Eracle aveva ricevuto un compenso.

---

[18] (Alise-Sainte-Reine, situata nel dipartimento della Côte-d'Or nella regione della Borgogna-Franca Contea)
[19] Diodoro Siculo. Lib. IV.17-25

Tra una fatica è l'atra Eracle trovava il tempo di compiere altri atti di una certa importanza, come ad esempio, l'uccisione dei Centauri, avvenuta dopo la cattura del cinghiale d'Erimanto, o l'istituzione dei Giochi Olimpici, che avvenne dopo la sua settima fatica, la cattura del toro di Creta[20]. Eracle dedico i giochi al padre Zeus e volle che il premio per i vincitori consistesse solo in una corona di alloro. Eracle stesso partecipò alla prima Olimpiade, vincendo tutte le gare in discipline tutte diverse tra di loro come il pancrazio (lotta corpo a corpo) o lo stadio, il cui nome deriva dal fatto che la gara consisteva in una corsa veloce dello stadio che misurava seicento piedi (corrispondenti a circa 192 metri).

Eracle, ricevette dei doni divini, (secondo alcune versioni del mito, prima dell'inizio delle dodici fatiche, secondo Diodoro Siculo invece dopo l'uccisione dei Centauri): un mantello da Atena, una clava ed una corazza da Efesto, una spada da Ermes, dei cavalli da Poseidone, e arco e frecce da Apollo.

Tra le altre avventure avvenute tra una fatica e l'atra va ricordata anche la lotta con i Giganti, conosciuta con il nome di Gigantomachia, che approfondiremo parlando dei **Titani** e la conquista del Vello d'oro che sarà trattata parlando degli **Argonauti**.

A ricordo delle dodici fatiche di Eracle, a Sparta si celebravano le Ergazie, mentre ad Atene le Iolee, istituite in onore suo e di Iolao, compagno delle sue avventure.

Eracle, quando era ancora giovane, fu invitato da Tespi, re di Tespie, ad un sacrificio. Dopo il sacrificio, il re, dopo aver trattenuto Eracle amabilmente, penso di fare di più, gli invio, una ad una, tutte le cinquanta figlie, che aveva avuto dalle sue numerose mogli. Eracle giacque con tutte e le mise incinte, cosicché diventò padre di cinquanta figli (i Tespidi). Dopo aver compiuto le dodici fatiche, Eracle, su ordine dell'oracolo, inviò a colonizzare la Sardegna Iolao e i Tespidi, che nel frattempo avevano raggiunto l'età matura[21].

Eracle

Dopo il compimento delle dodici fatiche, Eracle, che in qualche modo imputa alla moglie Megara, la disgrazia avvenuta ai figli decide di cercare una nuova moglie, diede in sposa la propria moglie a Iolao e corteggiò, senza successo, Iole, figlia di Eurito, re di Ecalia. Da qui iniziano ulteriori avventure raccontate da Diodoro Siculo (Lib. IV 31-38) che lo porteranno

---

[20] Diodoro Siculo. Lib. IV.14
[21] Diodoro Siculo. Lib. IV.29

alla fine a dove compiere il sacrificio massimo, sul monte Eta, dove su indicazione dell'oracolo, fu costruita, dal fido Iolao e i suoi compagni, una pira su cui lui stesso salì dando ordine affinché gli venisse portata una torcia per accendere la pira. Nessuno ebbe il coraggio di un gesto simile, alla fine, uno dei presenti di nome Filotette fu persuaso a compiere tale gesto, ricevendo da Eracle, in cambio del suo coraggio, un arco e delle frecce. Acceso il rogo, la pira fu interamente bruciata. Dopo, quando i compagni di Iolao si avvicinarono per raccogliere le ossa di Eracle, non ne trovarono tracce, capendo che con quel gesto Ercole era salito tra gli dei.

Alla sua morte, Eracle fu accolto tra gli dei dell'Olimpo, dove finalmente fece pace con Era, che divenne la sua madre immortale, e dove sposò Ebe, la dea della giovinezza.

Eracle diventò immortale, grazie alle sue fatiche, al suo valore e soprattutto per la sua capacità di accettare le sofferenze che gli erano state imposte.

Eracle in Sicilia

Nella sua decima fatica, una volta sottratti i buoi a Gerione, Eracle intraprese la via del ritorno che lo portò fino in Sicilia, dove arrivò a nuoto insieme alla sua mandria. Appena arrivato si dovette scontrare con la voracità di **Cariddi**, figlia della terra e di Poseidone, che rubò alcuni dei buoi sacri di Eracle e li divorò. Il gesto di Cariddi non piacque molto a Zeus, che la colpì con un fulmine facendola precipitare in mare nelle vesti di un mostro che inghiottiva le navi che passavano in quel punto.

Eracle decise di compiere il periplo dell'isola, quindi si diresse verso la regione di **Erice** ma, giunto nei pressi di Imera, fu accolto dalle ninfe, che fecero scaturire delle fonti di acqua calda, affinché egli si rinfrancasse dalle fatiche del viaggio. Dopo essere stato il primo ospite di quelle che divennero le terme di Termini Imerese, partì per Erice, dove affrontò e vinse in combattimento **Erice**, il figlio di Afrodite che aveva fondato l'omonima città. Arrivato a Siracusa, prese uno dei tori più belli, lo pose nella fonte di **Ciane** e lo sacrificò in onore di Persefone, ordinando agli abitanti di compiere annualmente cerimonie e sacrifici in onore di Persefone e Ciane. Dopo Siracusa, Eracle si diresse verso l'interno dell'isola dove dovette affrontare in battaglia un gruppo di indigeni Sicani che gli si opposero. Li vinse uccidendone molti, fra loro, alcuni strateghi importanti che ricevettero, in seguito, dai Sicani gli onori attribuiti agli eroi. Fu anche a Lentini e ad Agira (chiamata Agirio da Diodoro Siculo e Argira da Tommaso Fazello), dove nei pressi della città, i suoi buoi passando per una strada sassosa, lasciarono delle impronte come se la strada fosse stata di cera[22].

Ad Agira Eracle, assieme a Iolao suo fedele compagno d'armi, furono venerati come dei[23]. L'eroe, che fino ad allora non aveva accettato sacrifici in suo onore, "poiché la volontà divina gli suggeriva di essere vicino all'immortalità", diede il permesso ai festeggiamenti in suo onore[24]. Come segno di riconoscenza verso il popolo di Agira, Eracle costruì un lago di fronte alla città ordinando che fosse chiamato con un nome derivato dal suo, così come diede il proprio nome alle impronte lasciate dai suoi buoi nella strada rocciosa prima citata.

In Sicilia il culto dell'eroe viene messo in relazione con quello di **MelKart**, ed infatti veniva anche chiamato **Ercole Melkarte**. Melkart era una divinità fenicia, identificata con il dio Baal dei Cartaginesi e la divinità semitica **Moloch**, ricordata più volte nel vecchio testamento per i sacrifici umani, soprattutto di bambini, che gli venivano offerti. Per questo motivo, si ipotizza che il sacrificio del toro che Eracle fece a Siracusa in onore di Ciane e **Persefone**, fosse in origine un sacrificio umano dedicato a Melkart.

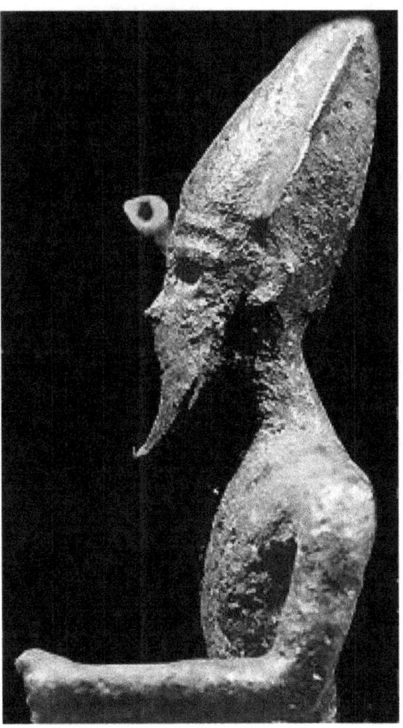

Statuetta di Ercole Mekart (XIII sec. a.C. ritrovata al largo di Sciacca

---

[22] Diodoro Siculo lib IV.24
[23] Tommaso Fazello: Le due deche dell'Historia di Sicilia – Prima Deca – Libro decimo
[24] Diodoro Siculo lib IV.24

Nel racconto di Diodoro, però, non si evidenziano relazioni con il Melkart fenicio, anzi si intravede l'ipotesi che Eracle fosse, in effetti, il rappresentante di quella stirpe dorica che, più tardi, avrebbe colonizzato gran parte della Sicilia.

Si potrebbe scorgere nel mito di Eracle, un elemento di origine orientale, nella parte in cui si parla della lotta tra Erice ed Eracle. I Fenici, infatti, erano gli originari signori della terra degli **Elimi**, e lo stretto rapporto fra elementi Elimi ed elementi Fenicio-Punici farebbe supporre che il dio Melkart (e quindi il **Baal** punico) fosse venerato nella parte nord-occidentale della Sicilia, in cui era predominante la cultura elima.

È probabile, in ogni caso che, la religione Fenicio-Punica, abbia influenzato, nei luoghi dove era professata, il culto di Eracle.

L'influenza orientale del suo culto sarebbe motivata da alcune analogie che esistono tra Eracle e un'antica figura sumera, **Gilgamesh**, le cui origini sono antichissime (Si parla di questa figura già nel 2400 a.C., e si pensa che le prime versioni poggino su versioni ancora più antiche). Gilgamesh è accompagnato dall'amico **Enkidu**, Eracle dal fido **Iolao**; entrambi hanno a che fare con tori sacri; hanno, a volte, delle instabilità mentali, Eracle con le sue crisi di follia (causate da Era), Gilgamesh assillato dal pensiero della morte. Tutto questo induce a pensare che la genesi del culto di Eracle sia orientale, salvo restando che fu la letteratura greca a diffondere e a caratterizzare maggiormente il suo culto.

Quello che potrebbe essere avvenuto in Sicilia sembrerebbe il tentativo, da parte dei Punici, di riappropriarsi di un mito di cui serbavano un antico ricordo.

Il culto di Eracle fu molto sentito nelle zone occidentali, di influenza elima e fenicia quindi, a Palermo, Mozia, Erice, Entella, Solunto, ma era anche presente in una certa misura, nella zona orientale dell'isola.

Nota: *Il sito dell'antica Entella sarebbe stato individuato in località Monte Castellazzo, non lontano da Poggioreale, uno dei centri della Valle del Belice distrutto dal terremoto del 1968.*

Monete raffiguranti Eracle segnalano che il culto esisteva nelle città di Gela, Agrigento, Siracusa, Agirio, Imera, Messina, Alunzio, Camarina e Centuripe.

Tetradramma di Camarina

Ad Agrigento, Messina e Siracusa gli furono anche innalzati dei templi, mentre a Selinunte il culto è confermato da un'iscrizione e da una metopa che rappresenta Eracle alle prese con un toro.

Sono tantissimi i ritrovamenti archeologici che indicano la presenza del culto di Eracle in Sicilia. Al Museo Nazionale Archeologico di Palermo sono conservate gli steli di Poggioreale con dedica ad Eracle, sempre nello stesso museo si trovano, provenienti da Selinunte, alcune metope raffiguranti fatiche di Eracle[25] e la famosa **"Grande tavola Selinuntina"** dove vengono ringraziati alcuni dei, tra cui Eracle considerato una delle grandi divinità di Selinunte.

Ad Agrigento è famoso il tempio cosiddetto di Eracle che risale al VI sec. a.C., uno dei più antichi della città[26]. L'attribuzione del tempio ad Eracle si desume da un racconto di Cicerone,

---

[25] Vincenzo Tusa ed Ernesto De Miro: Sicilia Occidentale p. 32

[26] Vincenzo Tusa ed Ernesto De Miro: Sicilia Occidentale p. 150

in cui riferendo del tentativo da parte di **Verre** di appropriarsi della statua di bronzo di Eracle che sorgeva nel tempio a lui dedicato "non lontano dalla piazza principale", afferma che, mentre Verre si trovava ad Agrigento, di notte un gruppo di schiavi armati assalì il tempio, dopo aver avuto la meglio sui custodi. Usando dei pali per far leva e delle corde, cercarono di rimuovere la statua ma, richiamata dalle urla dei custodi, intervenne l'intera popolazione che mise in fuga gli assalitori i quali comunque, riuscirono ad appropriarsi di due piccole statue[27]. Sempre lo stesso Cicerone narra che Verre portò via da una cappella privata di un ricco signore di Messina una statua di bronzo raffigurante Eracle, attribuita allo statuario del V sec. a.C. Mirone di Eleutene (Beozia)[28].

Tempio di Ercole – Valle dei Templi – Agrigento

A **Piazza Armerina**, uno dei mosaici della villa tardoantica del Casale raffigura le fatiche di Ercole ed un altro, rappresentante una corsa circense, riproduce tre Santuari uno dei quali sarebbe identificato con quello di Eracle che doveva effettivamente trovarsi nelle vicinanze.

---

[27] Cicerone, II.IV.94
[28] Cicerone, II.IV.5

Giganti uccisi da Ercole – Villa Romana del Casale

Al museo Regionale di Siracusa è conservata una testa raffigurante Eracle del II sec. a.C. proveniente da Centuripe.

Una scultura rappresentante l'eroe e proveniente dal porto di Catania si trova al Museo del Castello Ursino, a Catania.

Una testa di Eracle ellenistica si trova al Museo Mandralisca di Cefalù ad indicare che anche in questa località doveva essere conosciuto tale culto.

Tracce del culto di Eracle sono presenti anche ad Imera dove, nel cosiddetto tempio B, sono stati trovati frammenti di altorilievi con scene delle fatiche di Eracle.

Sincretismo religioso

Con l'avvento del Cristianesimo, il fenomeno sincretico che faceva affluire nei culti dei santi, i residui del mondo pagano, riguardò anche il culto di Eracle. A Messina, con il sopraggiungere del Cristianesimo, si sarebbe sovrapposto al culto di Eracle quello di **San Giovanni Battista**; si ritiene, infatti, che un'antica statua raffigurante Eracle che porta, sulle spalle, una pelle di leone, fosse stata adattata al culto di S. Giovanni Battista.

Il Mito nel Registro LIM della Regione Sicilia

La Regione Sicilia ha inserito il Mito di Ercole nel registro LIM (Luoghi dell'identità e della Memoria) – Luoghi degli dei e divinità minori.

Luoghi indicati nella LIM:

- **Erice** (prov. Trapani)
- **Fonti di Acqua Calda di Imera** (Termini Imerese-prov. Palermo)
- **Fonti di Acqua Calda di Segesta** (Calatafimi-prov. Trapani)
- **Case del biviere** (Lentini-prov. Siracusa)
- **Scilla e Cariddi** (Stretto di Messina)

Iolao

Origini del mito

Iolao era un antico eroe tebano, il suo culto si diffuse ad Atene, dove subì una trasformazione venendo declassato a nipote di Eracle (figlio del fratellastro Ificle) a cui legherà il suo destino come compagno fedele in quasi tutte le sue avventure. Iolao divenne l'auriga del carro da guerra di Eracle, vincendo anche la corsa con il carro nei primi Giochi Olimpici istituiti proprio da Eracle. Iolao fu mandato da Eracle a colonizzare la Sardegna assieme ai Tespidi (i figli che Eracle aveva avuto dalle figlie del re Tespe).

Una volta portato a termine la colonizzazione della Sardegna, Ioalo fece venire dalla Sicilia Dedalo e gli fece costruire molte opere chiamate "Dedaleia"[29]. Del culto di Iolao in Sardegna, è testimonianza il fatto che uno dei popoli indigeni della Sardegna era chiamata Iolei[30].

Prima del suo ritorno in Grecia dalla Sardegna, Ioalo ritornò in Sicilia dove vi visse a lungo.

Ioalo fu fedele a Eracle anche dopo la sua morte, fu lui infatti a uccidere Euristeo che perseguitava gli Eraclidi (i figli e i discendenti di Eracle). Per l'occasione lo stesso Eracle, divenuto ormai una divinità ed Ebe, gli diedero la forza e la giovinezza.

Il mito in Sicilia

Troviamo Ioalo in Sicilia, al fianco di Eracle e ad Agira, fu costruito, per volere di Ercole un tempio a lui dedicato. Diodoro Siculo (Lib. IV.24) racconta come per ordine dello stesso Ercole, ad Agira furono offerti annualmente a Iolao, e che fu venerato come un dio cui i giovani sacrificavano la propria chioma, dopo essersela fatta crescere fin dalla nascita.

Diodoro Siculo racconta anche come i giovani che non adempievano ai consueti sacrifici in onore di Iolao, perdevano la parola e divenivano simili ai morti, mentre quelli che essendo già malati onoravano con i propri sacrifici, Iolao, riprendevano vigore guarendo dai loro malanni.

---

[29] Diodoro Siculo. Lib. IV. 30. Con il termine "Dedaleia" oggi si vuole indicare le torri nuragiche dell'età del bronzo ancora visibili in Sardegna.
[30] Il popolo degli Iliei (o Iolei) era un popolo nuragico (II millennio a.C.) della Sardegna centro-meridionale

Sincretismo religioso

Ciaceri racconta come in tempi moderni vigesse, ad Agira, l'usanza di immolare la propria chioma a S. Filippo (il patrono della città) che, in chiave sincretica, ha sostituito, Iolao, l'amico fedele di Eracle[31].

San Filippo nato in Tracia, regione balcanica verso la fine del V secolo. Era un sacerdote ed esorcista, e fu mandato a svolgere il suo operato in Sicilia. Diventò celebre per i suoi miracoli ed in particolare per la sua funzione di esorcista. San Filippo muore a 63 anni, il 12 maggio di un anno imprecisato, della seconda metà del VI secolo. Sul luogo della sua morte fu edificata una chiesa e successivamente un monastero. Agira prese il nome di S. Filippo d'Agira, nome mantenuto fino al 1939, anno in cui ritornò ad essere indicata con il solo nome di Agira. Il Santo, oltre ad Agira è particolarmente venerato a Calatabiano e la Festa a lui dedicata è raccontata dal Pitrè[32].

Il Fazello racconta, in modo estremamente minuzioso la sua visita ad Agira, avvenuta nell'anno 1541 in occasione della Festa di S. Filippo e dei miracoli a cui lui stesso assiste, in particolare dei miracoli di S. Filippo e degli esorcismi in massa avvenuti durante la sua festa.

" Essendo l'anno MDXLI in Argira, nel giorno che si fa la festa di San Filippo, dove io era andato con molti altri per divotione, ritrovai che vi erano state condotte quasi dugento femine spiritate. Et era cosa maravigliosa a vedere, come elle, non dà per lor medesime, ma spinte dal Demonio, facevano mille pazzie col mandar fuori voci, e stridi, più che humani, et horribilissimi, e come senza vergogna alcuna gettavan via i panni, si scapigliavano, dirugginavano i denti, torcevano la bocca e gli occhi, buttavan fuori schiuma per la bocca, alzavan con gran forza le braccia, e tutto il corpo in alto, ingrossavano la lingua, la gola, e le vene della gola, e mostravano finalmente in tutta la persona un furore inaudito, e grandissimo. Ascoltai alcune, che parlavano in lingua greca, alcune in lingua Latina, et alcune pronuntiavano perfettissimamente la favella Saracina, e era il lor parlare tanto pulito, e delicato, che non si saria forse potuto sentir tale in coloro, c'havessero consumato gran tempo in apparar quelle lingue."[33]

---

[31] Ciaceri Emanuele: Culti e Miti dell'Antica Sicilia p. 287
[32] Giuseppe Pitrè. Feste Patronali in Sicilia XXIV
[33] Tommaso Fazello: Le due deche dell'Historia di Sicilia. Prima Deca, Decimo Libro

Se i giovani si svegliavano dal loro sonno simile alla morte grazie alle preghiere rivolte a Iolao, San Filippo ha la facoltà di svegliare le persone all'ora precisa che desiderano.

" Esse non hanno a fare altro che recitargli prima un paternostro e la seguente orazione, dove è segnato con puntini l'ora che il devoto indica:

Sal Filippo d'Argirò

Iu dormu e vui no;

Io dormu e vui vigghiati,

Dumani a …. Uri mi sbigghiati" [34]

---

[34] Giuseppe Pitrè. Feste Patronali in Sicilia XXIV

Enea

Origini del Mito

Il Mito dell'eroe troiano Enea rientra nella mitologia greca e romana, le sue gesta leggendarie sono raccontate nell'**Iliade** di **Omero** dove viene presentato come un eroe protetto dagli dèi e riprese nell'**Eneide** di **Virgilio** dove vengono raccontate le sue avventure a partire dalla caduta di Troia fino alla fusione dei superstiti troiani con i Latini.

Enea è un principe troiano, figlio di Anchise (cugino di Priamo, re di Troia) e della dea Venere, essendo il padre un discendente di Dardano, figlio di Zeus (il romano Giove), Enea può annoverare tra i suoi avi, anche il dio Zeus. Da giovane, l'eroe troiano sarebbe stato educato dal centauro Chirone, considerato il più saggio dei centauri (metà uomini e metà cavalli) e quindi educatori di moltissimi eroi e divinità. Sposò Creusa, figlia di Priamo ed ebbe un figlio di nome Ascanio, conosciuto anche con il nome di Iulo.

Strenuo difensore di Troia, secondo solo a Ettore, alla sua caduta fuggì con il padre Anchise che si carico sulle spalle, il figlio Ascanio e la moglie Creusa che però perse durante la fuga, inoltre, tanto per essere più leggero, il padre portò con sé un'urna con le ceneri dei propri avi ed una piccola statua con gli dei più sacri a Troia, i Penati.

Enea durante il suo viaggio passo per molti paesi del Mediterraneo, e dopo essere stato in Sicilia conclude il suo peregrinaggio nel Lazio dove sposò la principessa Lavinia, figlia del re locale Latino, diventando in questo modo il progenitore del popolo romano.

Enea e Anchise – Gian Lorenzo Bernini (1617/1618) Galleria Borghese - Roma[35]

---

[35]https://it.wikipedia.org/wiki/Enea,_Anchise_e_Ascanio#/media/File:Aeneas,_Anchises,_and_Ascanius_by_Bernini.jpg

Il Mito in Sicilia

Secondo la leggenda, Enea assieme ad un gruppo di superstiti troiani, arriva in Sicilia, evitando le zone abitate dai Greci, arriva fino quasi allo stretto di **Messina**, ma su consiglio dell'indovino **Eleno**, volle evitare di passarlo perché il luogo era reso pericoloso dalla presenza dei mostri **Scilla e Cariddi** decidendo di fare il periplo dell'Isola.

Durante il periplo hanno modo di spingersi vicino le terre abitate dai **Ciclopi**, alla vista di **Polifemo** fuggirono prima che questi riuscisse a prenderli (Eneide Libro terzo vv 955 ss.).

Continuando il periplo della Sicilia passarono vicino al golfo di **Augusta** (Megara) e **Capo Pachino**, ed ebbero modo di scorgere durante la navigazione, **Camarina, Gela, Agrigento e Selinunte**, durante lo scalo a **Trapani**, il padre **Anchise**, afflitto dai malanni e dalla vecchiaia morì. (Eneide Libro terzo vv 1030 ss.), Enea, grazie alla diponibilità del re locale **Aceste**, diede solenne sepoltura al padre ai piedi del **monte Erice**. Un monumento intitolato al padre Anchise fu eretto, a ricordare l'episodio, sul litorale di Pizzolungo (**Stele di Anchise**).

Alla ripresa del viaggio una tempesta lo spinse fino alle coste di Cartagine dove incontrò la regina **Didone** di cui si innamorò, per cui pensò di finire il suo viaggio in Africa, ma il volere di **Zeus**, gli impose di abbandonare la regina e riprendere il viaggio verso quella che sarebbe stata la sua destinazione finale, il **Lazio**. Colta dalla disperazione la regina Didone, vedendo la nave troiana con a bordo Enea, allontanarsi, si toglierà la vita (Eneide Libro quarto vv 920 ss.). Durante il viaggio verso il Lazio, passo di nuovo dalla Sicilia, accolto da Aceste che lo aiuto ad organizzare dei giochi (Ludi) in onore del padre morto[36].

Dopo i giochi, Enea, riprese il suo viaggio approdando a **Cuma**, successivamente passò da **Gaeta** per finire il suo viaggio nel Lazio.

Secondo alcune versioni della leggenda Enea avrebbe fondato ad Erice un tempio dedicato a **Venere**.

---

[36] Eneide Libro quinto vv 5 ss.

Origine delle leggende troiane in Sicilia

Grazie alle scoperete di Heinrich Schliemann sappiamo che i resti di **Troia** si trovano in Asia Minore (odierna **Turchia**) e tra i vari strati corrispondenti alle varie epoche della città, ce n'è uno che presenta uno spesso strato di carbone databile verso il 1250 a.C. e che potrebbe riferirsi alla distruzione di Troia avvenuta ad opera degli **Achei** che diede inizio alla diaspora dei troiani. Tale periodo non si discosta molto da quella tradizionale che vuole che Troia venisse distrutta da una coalizione di città greche nel 1184.

L'Eneide fu scritto tra il 29 a.C. ed il 19 a.C. ma della diaspora dei fuggiaschi troiani venuti in Sicilia si parlò molto prima, ne parlarono **Stesicoro** (Tisia), vissuto nel VII secolo a.C. e **Tucidide**, vissuto nel V secolo a.C.

Come afferma **Emanuele Ciaceri** sarebbe un errore affermare che la leggenda troiana sia sorta e sviluppata in Sicilia intorno al nome di Enea. Essa ebbe uno svolgimento vario e graduale e solo tardi le narrazioni sull'arrivo di eroi troiani si condensarono intorno al figlio di Anchise[37].

L'Aceste che accolse Enea era probabilmente **Egesto** (conosciuto anche con il nome di **Aceste**), figlio di **Agesta**, la troiana figlia di **Fenodamante** che assieme alle sue sorelle fu portata in Sicilia (approfondiremo questo aspetto della leggenda quando parleremo del popolo degli Elimi).

Secondo Tucidide (Lib. VI), gli **Elimi** Sarebbero Troiani sfuggiti alla distruzione della loro città a cui si sarebbero aggiunti più tardi dei Focesi provenienti da Focea una città greca dell'Asia Minore.

Egesto, pur essendo nato in Sicilia, andò in soccorso di Troia, e dopo la distruzione della città, ritornò, assieme ad altri fuggiaschi troiani tra cui **Elimo**, figlio bastardo di **Anchise** e fratello di Enea. I Sicani, che consideravano Egesto paesano e rispettavano per le sue gesta Elimo principe troiano, li accolsero donandogli dei terreni su cui insediarsi. Il gruppo così costituito fu quindi detto degli Elimi dal nome del principe Troiano.

---

[37] Emanuele Ciaceri: Culti e Miti nella Storia della Sicilia Antica pag. 314

Il Mito nel Registro LIM della Regione Sicilia

La Regione Sicilia ha inserito il Mito di Enea nel registro LIM (Luoghi dell'identità e della Memoria) – Luoghi degli eroi e delle leggende eroiche.

Luoghi indicati nella LIM:

- **Arcipelago dei Ciclopi** (Aci Trezza-prov. Catania)
- **Stele di Anchise**, Litorale di Pizzolungo (Erice-prov. Trapani)
- **Golfo di Trapani**
- **Scilla e Cariddi** (Stretto di Messina)

Dedalo e Minosse

La leggenda racconta che Dedalo ateniese di nascita, fosse un esperto architetto e scultore, famoso per la sua capacità di scolpire statue che, per la loro naturalezza, sembravano vive. Dedalo ebbe come discepolo un giovane di nome **Talo**, figlio della sorella. Il nipote, di elevato ingegno, inventò varie macchine tra cui la sega e il trapano. La sua fama finì col mettere quasi in ombra quella del suo maestro che, accecato dalla gelosia, lo uccise. Dedalo, scoperto e accusato per l'omicidio, fu costretto all'esilio, prima in Attica e poi a Creta dove, ammirato per le sue capacità, divenne amico del re **Minosse**. Era costume, a quei tempi, che il re Minosse sacrificasse, annualmente, a **Poseidone** il più bello fra i tori dei suoi armenti. Un giorno, però, nacque un toro bellissimo, e Minosse, colpito da tanta bellezza, si rifiutò di sacrificarlo al dio, offrendone un altro al suo posto. Poseidone arrabbiatosi, fece sì che **Pasife**, la moglie del re, s'innamorasse del toro. La moglie di Minosse si struggeva dal desiderio di accoppiarsi con l'animale, ma la cosa presentava qualche piccolo problema pratico, oltre che morale. Dedalo, allora, costruì una statua a forma di vacca, internamente vuota, la rivestì con pelle bovina e, per completare l'opera, insegnò a Pasife come sistemarvisi all'interno affinché potesse unirsi al toro. Da tale unione nacque una creatura orribile, il famoso e mitico **Minotauro**, metà toro e metà uomo.

Dedalo e Pasife (Pompei)

Kylix (coppa da vino in ceramica) con il Minotauro – Museo Nazionale archeologico di Spagna[38]

Quando l'ateniese **Teseo** venne a Creta per uccidere il Minotauro, Dedalo consigliò ad **Arianna**, figlia di Minosse, che si era innamorata di Teseo, di dare a questi il gomitolo che gli avrebbe permesso di uscire dal labirinto. Minosse, venuto a sapere di questo nuovo intrigo di Dedalo, si arrabbiò molto, e Dedalo decise di fuggire da Creta insieme al figlio **Icaro**, aiutato da Pasife che gli procurò una nave per la fuga. Arrivati su un'isola, nello scendere dalla nave, Icaro, a causa della sua spavalderia, cadde in mare e morì. Dedalo, arrivò in Sicilia presso il territorio in cui regnava il re sicano **Cocalo**, che lo ricevette a corte e diventarono amici. Questa versione della fuga di Dedalo da Creta è raccontata da **Diodoro Siculo**. Un'altra versione, più famosa, ricordata dallo stesso Diodoro, narra invece che Dedalo, non potendo fuggire a bordo di una nave perché tutte sotto il controllo di Minosse, rimase a Creta, nascosto da Pasife, fino a quando costruì, per sé e il figlio, delle ali modellate con la cera. Applicate le ali, riuscirono a

---

[38] https://it.m.wikipedia.org/wiki/File:Tondo_Minotaur_London_E4_MAN.jpg

fuggire in volo da Creta ma, mentre erano in mare aperto, Icaro, nonostante fosse stato richiamato dal padre, volò troppo in alto, la cera che teneva unite le ali (a causa del calore del sole) si sciolse, cadde in mare e morì. Dedalo, invece, volando radente al mare e bagnando spesso le ali, riuscì ad arrivare sano e salvo sino in Sicilia[39].

Come si può notare, in entrambe le versioni sono messe in evidenza l'inesperienza e la spavalderia giovanile, quasi a volere fare la morale ai giovani affinché si sottomettano all'esperienza degli adulti.

<h3 style="text-align:center">Il Mito in Sicilia</h3>

Dedalo visse a lungo con Cocalo e con i Siciliani, dando prova del suo ingegno e costruendo, in Sicilia, moltissime opere. Tra le opere che gli sono attribuite è da ricordare la costruzione di una grotta artificiale presso Selinunte, dove i fumi che svaporavano dal fuoco erano tali che facevano sudare lentamente, portando alla guarigione i frequentatori della grotta che avevano qualche malanno. Si vuole anche pensare che i bagni di vapore fossero quelli del Monte Kronio (Sciacca).

Icaro e Dedalo (Charles Paul Landon 1799)[40]

---

[39] Diodoro Siculo lib IV.77
[40] https://it.artsdot.com/@@/ARCAJV-Charles-Paul-Landon-Icaro-e-Dedalo

Ad Erice, su una rocca che si alzava a strapiombo dove si trovava il tempio di **Afrodite**, Dedalo costruì delle mura con cui allargò il ripiano sopraelevato sul burrone, che stava alla base del tempio e vi costruì, inoltre, un ariete d'oro di mirabile bellezza.

Presso **Megaride** costruì una kolymbethra (vasca o piscina) sulle acque del fiume Alabon. Si è voluto individuare questo luogo con Megara Hyblaea una delle antiche Ible.

Ad Agrigento, sul fiume Camico, Dedalo costruì una città arroccata su una montagna, che sarebbe poi diventata la più forte ed inespugnabile della Sicilia, infatti, l'ascesa verso la sua sommità era stretta, contorta e poteva essere agevolmente difesa da pochi uomini. Per questo motivo, Cocalo trasferì la sua residenza reale dalla città di Inico alla nuova città, a cui diede il nome del vicino fiume e in cui custodì i suoi tesori. Si è voluto identificare questa rocca con l'antica cittadina di Camico, il cui sito si vuole sia quello di S. Angelo di Muxaro a 26 km a Nord-Ovest di Agrigento.

Il re di Creta Minosse, venuto a conoscenza della fuga di Dedalo in Sicilia, organizzò una spedizione. Preparata una flotta, partì da Creta, sbarcò con le sue navi in una località nel territorio di Agrigento (si pensa alla spiaggia di Capo Bianco nei pressi di Eraclea Minore), che fu poi chiamata in suo onore **Minoa**, e per trovare Dedalo si servì di un particolare stratagemma: promise, nei posti in cui passava, una ricompensa a chi sarebbe riuscito a far passare un filo attraverso le spirali di una conchiglia di chiocciola. Cocalo propose la soluzione a Dedalo che legò il filo ad una formica spingendola in quel nuovo labirinto. Quando Cocalo fece portare la conchiglia a Minosse, questi capì che Dedalo doveva essere nei paraggi e inviò degli ambasciatori affinché chiedessero a Cocalo di restituirgli il fuggitivo. Cocalo, allora, invitò Minosse e, dopo aver promesso di assecondare le sue richieste, lo invitò a casa sua, dove aveva dei bagni stupendi lavorati da Dedalo e ne concesse l'uso a Minosse, ma mentre questi, per nulla insospettito, si lavava servito, secondo il costume di quei tempi, dalle figlie di Cocalo, le fanciulle, violando le sacre leggi dell'ospitalità, lo affogarono e lo tennero nell'acqua calda fino a quando non morì. Cocalo restituì il corpo ai Cretesi, dicendo loro che Minosse era morto scivolando accidentalmente nell'acqua calda.

Secondo alcune versioni della Leggenda di Dedalo e Minosse, il luogo dove Cocalo seppellì Minosse, prima di restituirlo ai Cretesi sarebbe stata una grotta identificata con le Grotte della Gurfa (Alia)

Eraclea Minoa[41]

I Cretesi chiesero e ottennero di seppellire sontuosamente il loro re, costruirono una tomba a due piani dove, nella parte nascosta dalla terra posero le ossa ed in quella sopraelevata costruirono un tempio dedicato ad **Afrodite**[42].

Dedalo, finalmente libero, visse in Sicilia fino alla sua morte. Secondo un'altra versione Dedalo, dopo essere vissuto per molti anni con i Siciliani, si trasferì in Sardegna, dove costruì i nuraghi, chiamati anche dedalei.

Influenza minoica in Sicilia

La leggenda di Dedalo e Minosse in Sicilia è, in qualche modo, considerata la mitizzazione di un fenomeno di colonizzazione da parte di alcuni Cretesi che si verificò molto prima dell'VIII sec. a.C., epoca a cui si fa corrispondere l'arrivo dei primi coloni greci. L'ipotesi potrebbe essere rafforzata dal fatto che il regime cretese fosse di tipo monarchico e Minosse fosse probabilmente, non il nome di un re ma il titolo che era assegnato ai re di Creta.

---

[41]https://it.wikipedia.org/wiki/Eraclea_Minoa#/media/File:Ruins_of_a_residential_quarter_-_Heraclea_Minoa_-_Italy_2015.JPG

[42] Diodoro Siculo lib. IV.79

Nota: *Nell'isola di Creta vide la luce la prima importante civiltà europea, quella minoica che raggiunse il suo culmine verso il XVI sec. a.C. Essa fu caratterizzata da un'intensa attività commerciale e marinara che portò, probabilmente, i Cretesi ad avere rapporti commerciali, anche se forse non duraturi, con le popolazioni indigene della Sicilia. Verso il 2500 a.C, dalle zone del Danubio scesero in Grecia popolazioni Indoeuropee tra cui gli Achei che, venuti a contatto con la cultura minoica, ne recepirono le caratteristiche; la cultura che ne venne fuori prese il nome dalla città di Micene, roccaforte degli Achei, e venne chiamata cultura micenea.*

I nuovi arrivati diffusero in Grecia una lingua indoeuropea, quella che divenne poi il greco miceneo. Verso il 1450 a.C., gli Achei estesero il loro dominio su Creta distruggendo ciò che restava della civiltà minoica. Il massimo splendore della civiltà micenea va dal 1600 al 1150 a.C., e dal 1400 al 1200 si ha una grande espansione di questa civiltà nelle regioni del Mediterraneo che tocca anche la Sicilia, come dimostrano le innumerevoli scoperte archeologiche. Verso il 1150 a.C. un'ulteriore invasione di popoli indoeuropei, quella dei Dori, pose fine alla civiltà micenea, determinando una riduzione della presenza micenea nel Mediterraneo, e aprendo le porte alla presenza commerciale, nella zona, dell'elemento fenicio.

L'archeologia ha ormai dissipato ogni dubbio sul fatto che l'influenza greca in Sicilia sia iniziata molto tempo prima della colonizzazione, avvenuta nell'VIII sec. a.C. Una presenza proveniente dall'Egeo doveva esistere in Sicilia nell'età del bronzo, quando in Grecia fioriva ancora la civiltà minoica. Il tipo di presenza doveva essere prevalentemente di tipo commerciale, quindi con superficiali e non duraturi contatti con le popolazioni indigene, anche se gli ultimi ritrovamenti, avvenuti a S. Angelo di Muxaro e a Thapsos, farebbero supporre, in alcuni casi, una forma più stabile di permanenza.

S. Angelo di Muxaro: Coppa d'oro

L'influenza minoica-micenea è riscontrabile in molte zone della Sicilia. A Thapsos è stato rinvenuto parecchio materiale risalente al periodo miceneo (miceneo IIIA e miceneo IIIB).

Nota: *La cronologia della ceramica micenea comprende tre periodi, di cui il terzo è quello che interessa l'Italia meridionale; essa si suddivide in: Miceneo III A (1425-1300), Miceneo III B (1300-1230) e Miceneo III C (1230-1025).*

In questa località è inoltre evidente l'influenza micenea sulle tombe a grotticella indigene ed è stato individuato un abitato in pietra, ritenuto il più esteso e importante della media e tarda età del bronzo (XIII-XII sec. a.C.) non solo della Sicilia, ma di tutta l'area del Mediterraneo occidentale. Ceramica micenea è stata trovata, in diversi luoghi, nel siracusano e anche nelle isole Eolie dove sono state trovate ceramiche risalenti addirittura al tardo minoico (XVI sec. a.C.) e, quindi, tra le più antiche trovate in Occidente.

Altra zona particolarmente ricca è la Sicilia centro meridionale, soprattutto S. Angelo di Muxaro, identificata da alcuni con l'antica **Camico** e legata alla leggenda di Cocalo e Minosse. Qui, oltre ad alcune tombe somiglianti alle 'tholoi' cretesi-micenee, furono rinvenute quattro coppe d'oro, di cui solo una conservata al British Museum. Essa è decorata con sei bovini, le cui teste sono di tipo cretese attribuite ad un artigianato locale di tradizione micenea. È quindi rafforzata l'ipotesi che la leggenda di Cocalo e Minosse possa rispecchiare una frequentazione greca a partire da un periodo precoloniale, cioè prima dell'VIII sec. a.C. A tal proposito potrebbe essere significativo il fatto che il nome di Cocalo comparirebbe su tavolette in lineare B trovate a Pilo, nel Peloponneso[43].

Nota: *La lineare B è un sistema di grafia in cui i simboli per la maggior parte sono lettere e derivano dalla lineare A; mentre la lineare A era il sistema usato dai Cretesi, la cui fonetica era diversa da quella greca, la lineare B fu invece usata dai Micenei che parlavano greco e da cui avevano preso in prestito il sistema di grafia; la forma di scrittura della lineare B scomparirà con l'invasione dorica che pose fine alla civiltà micenea.*

Il Mito nel Registro LIM della Regione Sicilia

La Regione Sicilia ha inserito il Mito di Dedalo e Minossee nel registro LIM (Luoghi dell'identità e della Memoria) – Luoghi degli dei e divinità minori.

Luoghi indicati nella LIM:

- **Rocca di Kamicos** (S. Angelo Muxaro-prov. Agrigento)

- **Bagni di Vapore**, Monte Kronio (Sciacca-prov. Agrigento)

- **Mura Megalitiche** (Erice-prov. Trapani)

- **Spiaggia di Capo Bianco** (Eraclea Minoa-prov. Agrigento)

- **Grotte della Gurfa** (Alia-prov. Palermo)

- **Kolymbethra,** acque dell'Alabon (Megara Hyblaea-prov. Siracusa)

---

[43] Sabatino Moscati: La Civiltà Mediterranea p. 374

Erice

Così come Adrano era la personificazione del monte Etna, Erice è probabilmente la personificazione dell'omonimo monte, oggi noto col nome di **S. Giuliano**. Il monte, alto 751 m., sovrasta la pianura di Trapani e fu spesso al centro di guerre e avvenimenti che si svolsero nella Sicilia occidentale. Ai suoi piedi, sin dai tempi dell'età del bronzo, sorgeva probabilmente un paese ed il monte, nella fantasia popolare, fu considerato, ben presto, protettore del paese sottostante, così come probabilmente fu considerato l'eroe Erice. Secondo la tradizione, Erice affrontò in combattimento **Eracle**, e questo rafforza, il carattere indigeno dell'eroe che difende la sua terra dall'invasore straniero.

Il mito di Erice dovette subire la sorte di molti miti indigeni, e cioè una ellenizzazione forzata che lo trasformò fino a fargli perdere alcune delle caratteristiche locali.

Secondo la tradizione Erice era figlio della dea **Afrodite** e di **Bute**, un re indigeno[44] e gli si attribuisce la costruzione del tempio di Afrodite in cima al monte Erice. Bisogna comunque fare una distinzione, nei limiti del possibile, tra il culto dell'eroe e quello di Afrodite il cui tempio, noto anche come tempio di **Venere Ericina**, fu famoso anche in epoca romana.

Diodoro racconta che Erice combatté contro Eracle, che si trovava a passare nella regione con i suoi buoi. La lotta tra i due era stata concordata in modo tale che, se fosse stato Erice a vincere, Eracle avrebbe ceduto i suoi buoi, se avesse vinto Eracle, Erice gli avrebbe ceduto la sua terra. Il vincitore fu Eracle, che cedette la terra vinta agli abitanti con il vincolo che la cedessero a chi fra i suoi discendenti ne facesse richiesta. Difatti, molte generazioni dopo, il lacedemone **Dorieo**, che si proclamava appartenente alla famiglia degli Eraclidi, organizzò una spedizione in Sicilia, si arrogò il diritto del possesso delle terre vicino al monte e vi fondò una città cui diede il nome di Eraclea, città che fu in seguito distrutta dai Punici.

È probabile che proprio la spedizione di Dorieo, avvenuta verso il 580 a.C., abbia favorito l'introduzione del mito di Erice nella mitologia greca. Il Ciaceri racconta che, secondo la tradizione popolare, nell'anno 1342, scavando ai piedi del monte Erice, fu trovato un cadavere di enorme grandezza, che appena venuto alla luce si frantumò, diventando polvere. Esso, a giudizio dei più, fu attribuito al corpo dell'eroe Erice[45].

---

[44] Diodoro lib.IV.23
[45] Ciaceri Emanuele: Culti e Miti dell'Antica Sicilia p. 50

Il Mito nel Registro LIM della Regione Sicilia

La Regione Sicilia ha inserito il Mito di Erice nel registro LIM (Luoghi dell'identità e della Memoria) – Luoghi degli dei e divinità minori.

Luogo indicato nella LIM:

- **Monte Erice** (Trapani)

Il Mito nel Registro LIM della Regione Sicilia

La Regione Sicilia ha inserito il Mito di Erice nel registro LIM (Luoghi dell'identità e della Memoria) – Luoghi degli dei e divinità minori.

Aristeo

Era un'antica divinità greca, protettrice della pastorizia e dell'agricoltura e il suo culto fu, in seguito, associato a quello di Dioniso. Aristeo era considerato figlio di Apollo e della ninfa Cirene. Fu allevato dal centauro Chirone, che gli insegnò l'arte della guerra e della caccia, e dalle ninfe che gli insegnarono a coltivare gli ulivi, a manipolare il latte e a tenere gli alveari. Da adulto, nonostante gli insegnamenti di Chirone, si dedicò alla vita pastorale e all'allevamento delle api e dopo la sua morte fu chiamato, dal padre Apollo, tra gli immortali. Si narra che spesso accorresse in aiuto dei pastori che gli eressero templi e gli offrirono dei sacrifici.

Euridice e Aristeo: Nicolò dell'Abate (1570) National Gallery di Londra[46]

In Sicilia la figura di Aristeo, così come è avvenuto per Eracle, è vista come quella di un eroe errante che, di passaggio nell'isola, insegnò ai pastori e ai contadini l'arte della pastorizia e della agricoltura. Gli si attribuisce, in particolare, l'insegnamento dell'arte di coltivare gli ulivi[47]. Il suo culto, secondo Diodoro, era diffuso in tutta la Sicilia ma, a differenza di Eracle, sono

---

[46]https://commons.wikimedia.org/wiki/File:Nicol%C3%B2_dell%27Abate_-_Orpheus_and_Eurydice_-_WGA00013.jpg#/media/File:Abbate_-_Orpheus_and_Eurydice.jpg
[47] Diodoro Siculo lib. IV.81

poche le notizie che lo riguardano.

A Siracusa doveva, comunque, essere presente il suo culto visto che Cicerone, nel processo contro Verre, accusava quest'ultimo di aver sottratto pubblicamente dal tempio di Dioniso una statua di Aristeo[48]

Aristeo – Francois-Joseph Bosio (1817) Louvre, Parigi[49]

---

[48] Cicerone, Verrine, II.IV.128
[49] https://it.wikipedia.org/wiki/Aristeo#/media/File:Aristaeus_Bosio_Louvre_LL51.jpg

I Fratelli Pii (Anfinomo e Anapia)

Anfinomo e Anapia fuggono con in spalla i propri genitori, affresco di Annibale Carracci (Palazzo Farnese – Roma)[50]

Come fa notare il Ciaceri, la leggenda dei fratelli Pii, conosciuti anche come Anfinomo e Anapia, è da ricollegare con le frequenti eruzioni vulcaniche dell'Etna. Secondo la leggenda, durante un'eruzione, un torrente di lava minacciava le proprietà dei due fratelli che, trascurando i loro beni materiali, a differenza di altri che cercavano di salvare le proprie ricchezze, decisero di salvare ciò che a loro era più caro: la vita dei vecchi genitori, che tentarono di portare in salvo dopo esserseli caricati sulle spalle. Il torrente lavico era, però, molto veloce e stava ormai per raggiungerli. Miracolosamente, all'ultimo momento, la lava si divise in due tronconi per poi richiudersi più avanti lasciando, in mezzo all'isola così formata, i due fratelli e i genitori, che riuscirono quindi a salvarsi[51].

---

[50] https://it.wikipedia.org/wiki/Anfinomo_e_Anapia#/media/File:Fratelli_di_Catania.jpg
[51] Ciaceri Emanuele: Culti e Miti dell'Antica Sicilia p. 50

Questa leggenda dovette, nel passato, avere una certa rinomanza se due grandi città come Catania e Siracusa si contesero per anni la cittadinanza dei due eroi[52]. La leggenda probabilmente è legata all'azione compiuta da due primitivi abitatori dell'isola o ha tratto origine dal fenomeno spontaneo che spesso vede la lava, durante la sua discesa, distribuirsi in due tronconi. La fantasia popolare avrebbe dato, poi, il suo definitivo contributo alla creazione della leggenda così come la conosciamo adesso.

---

[52] F. S. Villarosa, *Dizionario mitologico-storico-poetico*, vol. I, Napoli - 1841, p. 37.

Orione

Secondo la mitologia greca, Orione è un cacciatore gigantesco ed un grande costruttore di opere. Il suo culto deve avere origini molto antiche, personaggi con le stesse caratteristiche, infatti, si ritrovano in molti popoli. La leggenda di Orione, inoltre, è ricchissima di varianti, e questo a testimonianza delle molteplici influenze che subì il suo culto, in base ai popoli e al periodo.

Orione è generalmente ritenuto figlio di **Poseidone** e di **Euriale**, la figlia di **Minosse**. Sulla sua nascita esiste un'altra versione secondo la quale **Zeus**, **Poseidone** ed **Ermes** chiesero e ottennero ospitalità da un certo **Irieo**. Per ringraziarlo acconsentirono ad esaudire un suo desiderio, quello di avere un figlio, visto che la tarda età glielo impediva. Gli dei, allora, riempirono con la loro urina un otre fatto di pelle di toro sacrificato, e chiesero ad Irieo di sotterrarlo; dopo dieci mesi dall'otre nacque Orione, il gigante cacciatore.

Così come per la nascita, anche sulla vita e la morte di Orione esistono diverse varianti. Generalmente è considerata la dea **Artemide** l'artefice della morte di Orione. Secondo alcuni Artemide uccise Orione per salvare le **Pleiadi**, sue accompagnatrici, inseguite da Orione che le voleva violentare. Secondo altri, Orione tentò di violentare la stessa Artemide che diresse contro di lui uno scorpione che lo uccise pungendolo sul tallone. Per aver reso questo servizio alla dea, lo scorpione fu trasformato in costellazione e lo stesso avvenne per Orione: ecco perché la costellazione di Orione viene eternamente inseguita da quella dello Scorpione. Secondo un'altra versione, invece, Artemide era effettivamente innamorata di Orione che condivise con lei la passione per la caccia, ma Apollo, il fratello gemello di Artemide, volle porre fine con l'inganno a quel legame: vedendo da lontano sul mare un piccolissimo punto che altro non era che la testa di Orione, sfidò Artemide ad una gara di tiro a segno. Artemide, infallibile con la sua freccia, vinse la gara uccidendo involontariamente il suo amato. Secondo quanto riferito da Diodoro Siculo (lib.IV.85), il mito di Orione era diffuso sullo stretto di Messina; il nostro eroe costruì per Zancle, re della città che aveva il suo nome (l'attuale Messina), il porto. Un'altra sua fatica fu la formazione del promontorio Peloro e l'innalzamento su questo, di un tempio dedicato al dio del mare Poseidone. Non si trovano altre notizie sul culto di Orione in Sicilia, ma il particolare raccontato da Diodoro farebbe pensare che questo mito fosse stato importato dall'Eubea, da cui provenivano i colonizzatori di Messina, e che tale culto non sia riuscito, in seguito, a diffondersi nell'isola. Diversamente avvenne per il culto di Artemide, personificazione femminile della caccia. In ogni caso bisogna tenere presente che, anche nella mitologia greca, Orione, in quanto mortale, era considerato meno degno di attenzione rispetto alla dea immortale Artemide e che l'uccisione di Orione da parte di Artemide potrebbe, in un certo senso, idealizzare proprio la soppressione del culto di Orione e la sopravvivenza di quello di Artemide.

Il Mito nel Registro LIM della Regione Sicilia

La Regione Sicilia ha inserito il Mito di Orione nel registro LIM (Luoghi dell'identità e della Memoria) – Luoghi degli dei e divinità minori.

Luogo indicato nella LIM:

- **Porto di Messina**

Glauco

Nella mitologia greca, il personaggio di Glauco è presente in molte leggende, il nome si riferisce a diversi personaggi raccontati da tantissimi autori tra cui Virgilio, Ovidio, Omero, Igino, Eschilo e Sofocle.

Il Mito in Sicilia

Tra le tante leggende prenderemo quella che la mette in correlazione con Scilla il cui mito è stato raccontato da Omero nell'Odissea (Canto XII, 112), da Ovidio nei libri XIII-XIV delle Metamorfosi e da Virgilio nell'Eneide, III.

Una delle tante versioni vede Glauco figlio di Poseidone e della ninfa Naide. Glauco nasce mortale e viveva di pesca. Un giorno si accorse che alcuni dei pesci che aveva pescato mangiando l'erba del prato su cui li aveva posati, tornavano in vita, volle provare anch'esso a mangiare quell'erba miracolosa, il risultato fu che diventò un dio immortale, con un effetto collaterale poco gradito, dalle gambe in giù divento pesce.   Con questo aspetto forse poco gradevole si presentò ad una bellissima ninfa di nome Scilla di cui si era innamorato, ma fu rifiutato dalla ninfa. Glauco ci rimase molto male per il palese rifiuto e non volendo rinunciare al suo amore chiese aiuto alla maga Circe chiedendole un filtro d'amore per fare innamorare la ninfa, ma Circe che nel frattempo si invaghì di Glauco, lo voleva tutto per sé, nonostante Glauco non volesse rinunciare a Scilla. Irritata dal rifiuto di Glauco Circe pensò bene di sbarazzarsi della rivale, preparò un filtro velenoso e lo versò in mare nel punto in cui Scilla era solito bagnarsi. Una sera Scilla si immerse per fare il suo solito bagnetto fu trasformata in mostro. Di sopra rimasero le sembianze umane ma nella parte inferiore gli erano cresciute sei gambe a forma di serpente ognuno con una testa di cane all'altezza del girovita. Divenuto mostro Scilla si rifugiò presso uno scoglio vicino una grotta dove viveva Cariddi e quando qualche sventurato si avvicinava troppo agli scogli, i cani divoravano i malcapitati. Successe a sei compagni di Ulisse la cui nave si trovò a costeggiare la grotta dove si nascondeva Scilla.

Il Mito nel Registro LIM della Regione Sicilia

La Regione Sicilia ha inserito il Mito di Glauco nel registro LIM (Luoghi dell'identità e della Memoria) – Luoghi delle metamorfosi.

Luogo indicato nella LIM:

- **Stretto di Messina**

Argonauti

Gli Argonauti furono un gruppo di eroi greci (il cui numero varia, a seconda delle fonti da cinquanta o cinquantatré), tra cui **Eracle**, che, sotto la guida di Giasone, affrontarono un lunghissimo viaggio verso la Colchide (regione della Georgia occidentale) a bordo della nave **Argo** alla conquista del **Vello d'Oro**, il manto d'oro, dotato di poteri magici che ricopriva l'ariete alato **Crisomallo** sacrificato da **Frisso**[53]

Eracle e gli altri Argonauti. Cratere attico a figure rosse 460-450 a.C. (Louvre)

---

[53] Pausania, Libro I, verso 44.

Il Mito in Sicilia

Durante il viaggio di ritorno gli Argonauti raggiunsero le coste dove risiedevano le Sirene (Stretto di Messina), qui riuscirono a sfuggire al canto delle Sirene grazie al suono melodioso della lira di Orfeo. Soltanto uno di essi, Bute non resistette al richiamo delle sirene, si buttò in acqua e raggiunse gli scogli delle maghe, ma Afrodite lo salvò, portandolo via e depositandolo a Lillibeo (Marsala). Successivamente la nave Argo passò indenne anche la zona abitata dai mostri Scilla e Cariddi.

Costeggiando la Sicilia, gli Argonauti videro Helios pascolare il suo favoloso gregge ma riuscirono a frenare il loro desiderio di razziarli per cui proseguirono il loro viaggio[54].

Il Mito nel Registro LIM della Regione Sicilia

La Regione Sicilia ha inserito il Mito degli Argonauti nel registro LIM (Luoghi dell'identità e della Memoria) – Luoghi degli eroi e delle leggende eroiche.

Luoghi indicati nella LIM:

- **Scilla e Cariddi** (Stretto di Messina)
- **Scogli dello Stretto di Messina**

---

[54] Si narra infatti che Helios possedeva sette mandrie di buoi, rappresentanti i sette giorni di una settimana, e sette greggi di pecore, rappresentanti le sette notti di una settimana. Ogni mandria e ogni gregge era composta da cinquanta capi

2. Figure mitologiche

Titani e Giganti

Alcuni autori del passato non sembrano distinguere Titani e Giganti forse perché tutti figli di Urano e Gea e sovrapponendo il mito della Gigantomachia a quello della Titanomachia.

I Titani e la Titanomachia

Il mito dei Titani è in qualche modo legato all'evoluzione stessa del pensiero religioso dei Greci antichi che da una religione naturale che vede la divinizzazione dei vari fenomeni della natura si evolve in senso antropomorfico in cui le divinità cessano di essere mere espressioni di fenomeni naturali, ed assumono un aspetto fisico (e non solo) simile a quello dell'uomo[55].

Nella lettura della Teogonia di Esiodo, il poema che tratta l'origine del mondo e degli dèi, si può osservare tale evoluzione: le varie divinità, che in una prima fase personificano gli aspetti fisici della natura e costituiscono delle vere e proprie potenze naturali, assumono, in seguito, una caratura più nobile e spirituale divenendo degli dèi morali. La lotta tra i Titani e gli dèi Olimpici (Titanomachia), simboleggia, infatti, questa evoluzione del pensiero religioso greco. Nella Teogonia di Esiodo si racconta: in Principio era il Caos, lo spazio vuoto, il nulla infinito, poi venne **Gea** (la Terra), il **Tartaro** (gli abissi sotto la Terra) ed **Eros** (l'Amore). Gea generò **Urano** (il Cielo), le montagne ed il Ponto (il Mare); si unì ad Urano generando, così, i **Titani** che non sono più delle potenze elementari della natura ma degli dei veri e propri: **Oceano, Ceo, Crio, Iperione, Giapeto, Tea, Rea, Temi, Mnemosine, Febe, Teti e Cronos**; generò anche i **Ciclopi** e gli **Ecatonchiri**, giganti dalle cento braccia. Urano volle nascondere nel Tartaro i Ciclopi e gli Ecatonchiri ma la cosa non piacque a Gea che istigò Cronos affinché lo detronizzasse. Preso il potere, Cronos si unì a Rea da cui generò **Estia, Demetra, Era, Ade** (Plutone), **Poseidone e Zeus**; ma per paura che qualcuno dei figli gli facesse fare la stessa fine che lui aveva fatto fare al padre Urano, li ingoiava man mano che nascevano. Rea, stanca di vedere tutti i figli divorati da Cronos, quando nacque Zeus, lo nascose e diede a Cronos, al posto del bimbo, una pietra avvolta in pannolini; Zeus, quindi, si salvò e, una volta cresciuto, decise di appropriarsi del potere, per cui, aiutato da Meti, diede da bere al padre una droga grazie alla quale Cronos vomitò tutti i figli precedentemente divorati. In seguito, Zeus, aiutato dai fratelli che aveva riportato in vita, dai Ciclopi e dagli Ecatonchiri che liberò dal sottosuolo dove Cronos li aveva imprigionati, dichiarò guerra a Cronos e ai Titani. Dopo 10 anni di dura

---

[55] Ignazio Caloggero: Culti dell'Antica Sicilia - Presentazione

lotta gli dèi, che si erano insediati sulla cima del monte Olimpo (tra la Tessaglia e la Macedonia), e che, quindi, furono chiamati dei olimpici, riuscirono, capitanati da Zeus, a detronizzare Cronos e a cacciare i Titani nel Tartaro (l'abisso profondo). Nella spartizione del potere Zeus ottenne il Cielo e il predominio su tutto l'universo, Poseidone ebbe il Mare e Ade (Plutone) ottenne il mondo sotterraneo.

I Giganti e la Gigantomachia

La lotta dei Titani è destinata ad essere portata avanti dai Giganti, non a caso anch'essi figli della Terra (Gaia) nati dal sangue di Urano evirato da Cronos, lo stesso sangue che rese fertile, cadendo su di essa, la Sicilia [56]

I Giganti, anche se di origine divina, sono mortali, se uccisi contemporaneamente da un Dio e da un mortale. La loro nascita è legata essenzialmente al desiderio di vendetta di Gaia per vendicare i Titani racchiusi nel Tartaro. La loro caratteristica fisica era quella di essere di enorme statura e di aspetto terrificante, per metà umani e per metà bestie con gambe che terminavano di norma in corpi di serpenti.

La leggenda dei Giganti è principalmente legata al loro combattimento contro gli dèi e la loro disfatta raccontata nella Gigantomachia (battaglia dei giganti).

I giganti che parteciparono alla Gigantomachia furono 24. Il primo ad essere ucciso fu Alcioneo, ucciso da Eracle aiutato da Atena che gli consiglio di allontanarlo dalla sua terra natia. Eracle lo trasportò lontano da Pallene, suo paese natale e lo trafisse con una freccia. Porfirione fu fulminato da Zeus. Efialte da una freccia scagliata da Apollo, Eurito fu ucciso da Dioniso, Clizio da Ecate, Mimante da Efesto, Pallante da Atena. In sostanza quasi tutti i Giganti furono usciti e quelli superstiti cercarono di fuggire. Tra i fuggitivi vi era Encelado ma la dea **Atena** lo seppellì sotto un enorme cumulo di terra che raccolse dalle coste del continente. Encelado sconfitto, divenne parte integrante della terrà che fu conosciuta come l'isola di **Sicilia**. I restanti furono fulminati da Zeus e finiti da Eracle con le sue frecce.

Secondo la versione della Gigantomachia di Claudio Claudiano (370-408 d.C.), alcuni Giganti furono scaraventati nel **Lucus Jovis** (bosco sacro a Giove) da Zeus (Giove). Tale località è fatta corrispondere al **Bosco di Aci**

---

[56] Ignazio Caloggero – Culti dell'Antica Sicilia. Cronos (Saturno)

Giganti uccisi da Ercole – Villa Romana del Casale

Il Mito nel Registro LIM della Regione Sicilia

I luoghi del Mito del popolo dei Giganti sono stati inseriti dalla Regione Sicilia nel Registro LIM (Luoghi dell'Identità e della Memoria di Sicilia), settore dei Luoghi degli dèi e divinità minori.

I Luoghi interessati sono:

● **Lentini** (prov. Siracusa)

● **Bosco di Aci** (Acireale-prov. Catania)

● **Messina**

Sulla scelta da parte della Regione Sicilia di Lentini e di Messina è probabile che abbiano influito i seguenti elementi:

Lentini: il fatto che il mito dei Giganti è stato, anche da molti autori del passato, fatto rientrare in quello dei Lestrigoni, altra antica popolazione leggendaria che si vuole abbia abitato il territorio di Lentini.

Messina: a Messina ogni anno ad agosto, durante le manifestazioni dell'Agosto Messinese, avviene la passeggiata dei Giganti in onore del Mito dei due giganti "Mata e Grifone" che secondo la tradizione, fondarono Messina.

Come già indicato nel mio volume "Culti dell'Antica Sicilia" nella "Gigantessa" Mata è riscontrabile un elemento sincretico che la mette in relazione con il mito di Cibele[57]

Alcuni scrittori del passato hanno chiamato le state del Gigante e della Gigantessa, Cam e Rea, altri Saturno e Cibele, oppure Zancle e Rea ed anche, come li conosciamo adesso, Grifone e Mata. Quest'ultimo nome è stato, a volte, tramutato in Madre, forse per errore o forse perché sia Rea che Cibele erano effettivamente viste come madri; infatti, Cam e Rea venivano considerati dalla popolazione come progenitori.

---

[57] Ignazio Caloggero: Culti dell'Antica Sicilia . pag. 138

Il Gigante e la Gigantessa erano vestiti da guerrieri, entrambi a cavallo, la Gigantessa aveva sulla testa una corona turrita simile a quella con cui era spesso raffigurata Cibele[58]

Ancora adesso, Mata è raffigurata con la testa cinta da una corona turrita.

Mata e Grifone – Manifestazione dell'Agosto Messinese[59]

Dalla rete:

Agosto Messinese "U Giganti e a Gigantissa"

https://youtu.be/aqI1KumkWKQ

---

[58] Giuseppe Pitrè: Feste Patronali in Sicilia pag. 149
[59] https://it.wikipedia.org/wiki/Giganti_(folclore)#/media/File:MataGrifone.jpg

Ciclopi

La mitologia greca distingue tre tipologie di Ciclopi, tutti giganti:

- Ciclopi Uranidi: Bronte, Sterope e Arge figli di Urano e di Gea
- Ciclopi Gasterochiri: abili costruttori di mura
- Ciclopi Pastori: popolo di giganti dedicato alla pastorizia

Ciclopi Uranidi

I Ciclopi uranidi: Bronte (il tuono), Sterope (il fulmine) e Arge (lo splendore), così come i Titani e gli Ecantochiri, sono figli di Urano e Gea. Nella Teogonia di Esiodo li troviamo alleati degli dei dell'Olimpo nella guerra che vede Titani contro gli dei (Gigantomachia).

I Ciclopi uranidi erano giganti con un solo occhio in fronte e abili fabbri, furono imprigionati nel Tartaro da Urano, liberati e di nuovo imprigionati da Cronos, infine liberati da Zeus che li volle alleati nella lotta contro i Titani (Titanomachia). I Ciclopi, per ringraziare Zeus per la liberazione regalarono il fulmine a Zeus, a Ade l'elmo della invisibilità e a Poseidone il tridente. Con queste armi gli dei olimpici ebbero facile vittoria contro i Titani che furono rigettati nel Tartaro.

I Ciclopi uranidi furono uccisi da Apollo che volle vendicarsi di Zeus che aveva ucciso Asclepio con un fulmine.

Ciclopi Gasterochiri

I Ciclopi Gasterochiri (coloro che hanno le braccia al ventre) chiamati anche Ciclopi costruttori, originari della Licia, erano considerati gli artefici dei principali monumenti preistorici della Grecia ma anche della Sicilia. Le mura da loro costruita avevano la caratteristica di essere costituiti da blocchi enormi il cui peso e dimensione sfidavano le forze umane, queste mura venivano chiamate appunto "ciclopiche". Nei secoli si assiste ad una trasformazione di queste figure da parte dei mitografi, per cui diventarono abili fabbri al servizio di Efesto il dio fabbro che utilizzava i vulcani come officine (Callimaco di Cirene. Inno ad Artemide).

I Ciclopi, al servizio di Efesto, svolgevano il loro servizio in una fucina sotterranea sotto l'Etna. Erano molto rumorosi e i rumori e i tremori che i siciliani sentivano provenienti dall'Etna non era altro che il loro fiato ed i colpi inferti dalle loro incudini. Mentre il rossore visibile di sera non era altro che il fuoco della loro fucina.

Il fatto che venissero considerati con un solo occhio era forse legato al fatto che i fabbri usavano bendarsi un occhio per proteggersi dalle scintille o forse da un tatuaggio fatto da centri concentrici in onore del sole.

Una versione del mito vorrebbe che i ciclopi, abili fabbri, non fossero i gasterochiri ma i ciclopi uranidi.

"All'interno d'un ampio antro manipolavano il ferro i Ciclopi Bronte, Stèrope e, nudo le membra, Piràcmon" (Virgilio, Eneide).

Alessandro Gherardini: Vulcano e i Ciclopi nella fucina – Pittura del XVIII sec.[60]

---

[60] http://catalogo.fondazionezeri.unibo.it/foto/160000/125200/125190.jpg

Ciclopi Pastori

I Ciclopi sono ricordati dallo storico Tucidide (lib VI.2) indicandoli, assieme ai Lestrigoni come popolo predecessore dei Sicani. Secondo Omero (Odissea, libro IX, i Ciclopi erano un popolo di giganti antropofagi, forti e dediti alla pastorizia. Ciò che caratterizzava questo popolo, oltre alla grande statura, era il fatto che possedevano un unico occhio in mezzo alla fronte.

Tra i sostenitori dell'esistenza di un popolo con le caratteristiche attribuite ai ciclopi, c'è chi afferma che all'origine della credenza che i ciclopi avessero un unico occhio, fosse l'abitudine del popolo dei ciclopi di cacciare le prede tenendo un occhio chiuso per facilitare la mira durante il lancio delle lance.

Un'ipotesi recente vuole che i crani ritrovati nel passato in molte grotte dell'altopiano ibleo e attribuiti ai Ciclopi siano invece quelli della femmina di un elefante nano, **"Elephas falconeri"** (o Palaeoloxodon falconerei), specie estinta di elefante endemico della Sicilia e dell'arcipelago maltese, di statura non superiore ai 90 centimetri e con una conformazione particolare del cranio: il toro frontale che costituisce l'attacco della proboscide elefantina, con la tipica forma a otto orizzontale, è stato confuso con l'unico occhio dei Ciclopi[61].

---

61 Carmelo Petronio: La Sicilia: Geologia e Paleobiologia nel quaternario. In Un Ponte fra l'Italia e la Grecia – Atti del Simposio in onore di Antonino Di Vita.

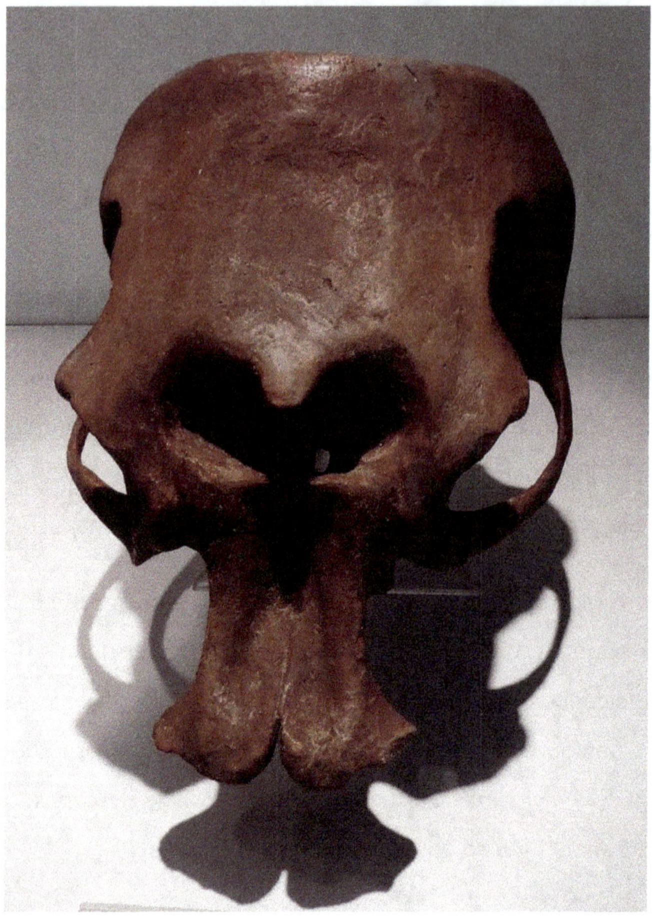

Cranio di Palaeoloxodon falconeri (Museo di storia naturale di Verona) [62]

---

[62] https://it.wikipedia.org/wiki/Palaeoloxodon_falconeri#/media/File:Elephas_falconeri_skull.JPG

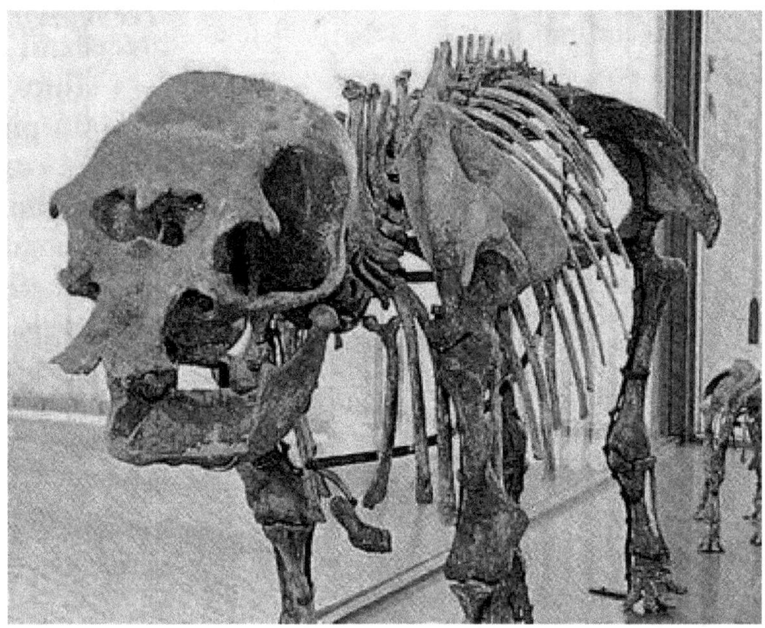

Scheletro di "Elephas falconeri" proveniente dalla grotta di Spinagallo (Siracusa)

La loro sede era costituita dalle regioni dell'Etna ed al più famoso di essi, Polifemo, è legato uno degli episodi della leggenda di Ulisse.

La tradizione popolare siciliana ha voluto mantenere in qualche modo il ricordo dei Giganti che in alcuni racconti popolari vengono visti come uomini grandissimi, mangiatori di uomini, ma, come il loro predecessore Polifemo, dotati di una "minchionaggine" grande non meno della loro statura.

Pitrè ricorda un racconto di Serafino Amabile Guastella relativo al gigante di **Cabballastru**: "mangiatore d'animali e di uomini, domatore di lupi; e rimane annientato da un vecchio, e gettato in un fiume che sprofonda in un pozzo, nella contrada delle **Cientu Mangiaturi** in Chiaramonte"[63]

---

63 Giuseppe Pitrè: Usi e costumi credenze e pregiudizi del popolo siciliano. p. 205

Il Mito nel Registro LIM della Regione Sicilia

La Regione Sicilia ha inserito il Mito dei Ciclopi nel registro LIM (Luoghi dell'identità e della Memoria) – Luoghi degli eroi e delle leggende eroiche.

Luoghi indicati nella LIM:

- **Arcipelago dei Ciclopi** (Acitrezza-prov. Catania)
- **Rocca Salvatesta** (Novara di Sicilia- prov. Messina)
- **Bronte** (prov. Catania)
- **Vulcano Etna** (prov. Catania)
- **Isole Eolie** (prov. Messina)

Ecantochiri

Gli Ecantochiri: Briareo (o Egeone), Cotto e Gige (o Gie), sono tre giganti dotati di centro braccia e cinquanta teste. Così come così come i Titani e i Ciclopi, sono figli di Urano e Gea. Nella Teogonia di Esiodo li troviamo, assieme ai Ciclopi, alleati degli dei dell'Olimpo nella guerra che vede Titani contro gli dei (Titanomachia)

Gli Ecantonchiri sono stati messi in relazione alle discese laviche e associati al popolo leggendario dei Lestrigoni[64]. Considerando il vulcano l'Etna, come l'ingresso dell'oltretomba, è possibile ipotizzare che gli Ecantochiri mantenessero lo stesso ruolo di difensori dell'ingresso degli inferi. Infatti, nella mitologia greca, gli Ecatonchiri, una volta imprigionati nel Tartaro da Urano furono costretti a fare da guardia alla porta di ingresso. Furono liberati da Zeus che li coinvolse nella lotta contro i Titani.

---

64 https://www.beniculturali.it/comunicato/nuove-ipotesi-sul-mito-dei-giganti-i-ciclopi-i-lestrigoni

Polifemo

Polifemo è un ciclope, figlio di Poseidone e della ninfa Toosa. La mitologia classica chiama Ciclopi sia i figli di Urano e di Gaia, sia gli appartenenti ad un'antichissima popolazione. Il popolo dei Ciclopi è ricordato dallo storico Tucidide[65] e, secondo Omero, era un popolo di Giganti antropofagi, forti e dediti alla pastorizia caratterizzati, oltre che dall'alta statura, dal fatto di possedere un unico occhio in mezzo alla fronte.

---

[65] Tucidide VI.2.

Piazza Armerina: Villa Romana del Casale – Vestibolo di Polifemo

C'è chi afferma che i ciclopi avevano un unico occhio per l'abitudine di cacciare tenendo un occhio chiuso perché in questo modo erano agevolati durante il lancio delle lance. La loro sede era presso le regioni dell'Etna e al più famoso di essi, Polifemo, è legata la leggenda omerica di Ulisse.

Odisseo e i suoi uomini accecano il ciclope Polifemo, particolare da un'anfora protoattica, circa 650 a.C., Eleusi

Polifemo faceva il pastore e viveva con il suo gregge in una caverna. Ulisse, sbarcato in Sicilia insieme ai suoi dodici compagni, gli chiese ospitalità. Invece di ospitarli, Polifemo li catturò con l'intenzione di divorarli, cosa che iniziò subito a fare con alcuni di loro. Promise però ad Ulisse che lui sarebbe stato l'ultimo ad essere divorato per ringraziarlo del vino che gli aveva donato e gli chiese, inoltre, quale fosse il suo nome. Ulisse, furbamente rispose di chiamarsi Nessuno. Di notte, mentre Polifemo era addormentato sotto l'effetto del vino, Ulisse e i suoi uomini aguzzarono un grosso palo e lo conficcarono dentro l'unico occhio del ciclope accecandolo. Polifemo gridò aiuto chiamando gli altri Ciclopi, ma quando questi gli chiesero cosa stesse succedendo egli rispose che Nessuno aveva cercato di ucciderlo con l'inganno, per cui gli altri Ciclopi, credendolo pazzo, se ne andarono. Ulisse, per cercare di uscire dalla caverna senza che Polifemo se ne accorgesse, si legò sotto il ventre di un grosso montone e invitò i suoi compagni a fare altrettanto, così, quando la mattina seguente Polifemo fece uscire il gregge, pur controllando i montoni, non si accorse che Ulisse e i suoi stavano fuggendo sani e salvi dalla caverna. Una volta credutosi al sicuro sulla sua nave, Ulisse gridò il suo vero nome al Ciclope, ma la cosa per poco non costò la vita a lui e ai suoi compagni, poiché Polifemo, un pochettino arrabbiato, prese una rupe e la lanciò, riuscendo quasi a colpire la nave di Ulisse.

Polifemo scaglia un masso contro Aci, particolare dell'affresco "storia di Aci, Galatea e Polifemo" di Annibale Carracci (1597 - 1600)

Secondo la tradizione le isole dei ciclopi, conosciute come i faraglioni dei ciclopi che si trovano davanti ad Acitrezza sono proprio i sassi lanciati da Polifemo verso la nave di Ulisse

La tradizione popolare siciliana ha voluto mantenere in qualche modo il ricordo dei Giganti che in alcuni racconti popolari vengono visti come uomini grandissimi, mangiatori di uomini, ma, come il loro precedessore Polifemo, dotati di una "minchionaggine" grande non meno della loro statura.

Pitrè ricorda un racconto di Serafino Amabile Guastella relativo al gigante di Cabballastru: "mangiatore d'animali e di uomini, domatore di lupi; e rimane annientato da un vecchio, e gettato in un fiume che sprofonda in un pozzo, nella contrada delle Cientu Mangiaturi in Chiaramonte"[66]

A Polifemo è legata la leggenda della ninfa Galatea di cui egli si era innamorato non corrisposto poiché la ninfa amava il giovane Aci che fu per questo ucciso da Polifemo.

---

66 Giuseppe Pitrè: Usi e costumi credenze e pregiudizi del popolo siciliano. p. 205

Encelado e nascita della Sicilia

Encelado, è un altro Gigante a cui addirittura è legata la stessa nascita della Sicilia. Secondo la mitologia è uno dei Giganti che partecipò alla cosiddetta **Gigantomachia**, la battaglia tra i Giganti e gli dei dell'Olimpo. Durante la battaglia Encelado tentò di fuggire ma la dea **Atena** lo seppellì sotto un enorme cumulo di terra che raccolse dalle coste del continente. Encelado sconfitto, divenne parte integrante della terrà che fu conosciuta come l'isola di **Sicilia**.

Si racconta che il suo corpo sia disteso sotto l'isola con:

- l'alluce del piede destro sotto il **Monte Erice**,

- la gamba destra verso **Palermo**, l'altra verso **Mazara**,

- il busto stia al centro dell'isola sotto **Enna**,

- le braccia verso **Messina** una e verso **Siracusa** l'altra,

- la testa e la sua bocca sotto l'**Etna** che sputa fuoco ad ogni grido del gigante.

Ogni tanto la terribile creatura cerca di sollevarsi e allora la Sicilia viene colpita da un terremoto, ma Atena veglia sull'isola, e non permetterà il risveglio del gigante. Il mito narra infatti che l'attività vulcanica dell'Etna sia originata dal respiro infuocato di Encelado, mentre i tremori della terra durante i terremoti, dal suo rotolarsi sotto la montagna a causa delle ferite.

Lotta fra Atena ed Encelado, piatto attico (XI sec. a.C). Museo del Louvre.

Un ricordo di Encelado sepolto sotto l'Etna proviene da Virgilio – "Eneide" Libro III :

È fama, che dal fulmine percosso

E non estinto, sotto a questa mole

Giace il corpo d'Encelado superbo;

E che quando per duolo e per lassezza

Ei si travolve, o sospirando anela,

Si scuote il monte e la Trinacria tutta;

E del ferito petto il foco uscendo

Per le caverne mormorando esala,

E tutte intorno le campagne e 'l cielo

Di tuoni empie e di pomici e di fumo.

Parco del palazzo di Versailles: Boschetto di Encelado

Il Mito nel Registro LIM della Regione Sicilia

La Regione Sicilia ha inserito il Mito di Encelado nel registro LIM (Luoghi dell'identità e della Memoria) – Luoghi degli dei e divinità minori.

Luoghi indicati nella LIM:

- Vulcano Etna

Tifeo-Tifone

Il Mito di Tifeo (Tifone) è, per certi aspetti, simile a quello di Encelado.

Nella mitologia greca Tifone (Tifeo) è figlio di Gea (Madre terra) e Tartaro (personificazione degli inferi). Tifeo era un gigante, come lo era Encelado, uno dei Giganti che partecipò alla cosiddetta Gigantomachia, in una delle tante lotte contro Zeus (Giove). Tifeo era la personificazione del vento del sud ed era il padre di tutti i venti più cruenti. Secondo il poeta Eschilo, Tifone fu confinato nell'Etna e fu motivo di eruzioni. Anche Esiodo, nella Teogonia, colloca il titano sotto il monte Etna.

Una altra versione del mito racconta la nascita di Tifeo in un altro modo, Gea, addolorata perché Zeus aveva distrutto i Giganti, calunniò Zeus presso la moglie Era e quest'ultima penso di rivolgersi a Crono (Saturno), la divinità preolimpica, padre di Zeus che ce l'aveva a morte (potremmo dire così) con il figlio, essendo stato da questi spodestato. Crono, re dei Titani e della fertilità, pensò ad una sua particolare strategia, si masturbò, lasciando cadere il suo seme su due uova che diede a Era, dicendogli di sotterrarle in quanto avrebbero generato un demone capace di spodestare Zeus. Questo demone fu proprio Tifeo.

Tifone non aveva un gran bell'aspetto, anzi era, in quanto demone, brutto, molto brutto: mezzo uomo e mezzo animale era più alto di tutte le montagne e, spesso, la sua testa urtava le stelle. Sputava fuoco dalla bocca e dagli occhi. Le gambe erano formate da draghi attorcigliati da cui fuoriuscivano centro serpenti. Quando Tifone salì sul Monte Olimpo, tutti gli dei, compreso Zeus, alla sua vista, fuggirono in Egitto trasformandosi in animali e dando vita al culto locale degli animali:

- Zeus (Giove) si trasformò in ariete

- Apollo in corvo

- Dioniso (Libero) in capra

- Artemide (Diana) in gatta

- Era (Giunone) in vacca

- Afrodite (Venere) in pesce

- Ermes (Mercurio) in ibis

" E che Tifeo, figlio della Terra, giunse fin là, costringendo gli dei a celarsi sotto mentite spoglie: Guida del branco", disse, "divenne Giove, per cui in Libia ancor oggi Ammone è raffigurato con corna ricurve; il dio di

Delo si mutò in corvo, il figlio di Sèmele in capro, la sorella di Febo in gatta; in nivea vacca si celò la figlia di Saturno, Venere in pesce e nelle piume di un ibis Mercurio"[67].

Zeus fu richiamato all'ordine dalla figlia Atena (Minerva), dea della guerra ma anche della ragione, che gli ricordò che lui era il dio supremo dell'Olimpo e garante dell'armonia del mondo. Zeus, quindi, affrontò Tifeo ma fu da questo sconfitto e imprigionato in una grotta in Cilicia dopo avergli tagliato i tendini dei polsi e delle caviglie. Ermes e Pan ritrovarono i suoi tendini, lo liberarono e lo guarirono. Zeus riprese quindi la lotta contro Tifone e questa volta riuscì a vincere scagliandogli addosso la Sicilia. La tradizione popolare vuole che Tifone sostenga la Sicilia, infatti, il suo corpo è posizionato con la testa verso est, i piedi verso ovest e le due braccia tese perpendicolarmente al corpo lungo l'asse nord-sud: Tifone sorregge Messina con la mano destra, Pachino con la sinistra, Trapani gli sta poggiata sui piedi e il cono dell'Etna sta proprio sulla sua bocca, rivolta verso l'alto. Ogni volta che si infuria, Tifeo fa vomitare fuoco e lava dall'Etna e ad ogni suo tentativo di liberarsi dalla prigionia, la terra trema scatenando i terremoti.

---

[67] Ovidio – Le Metamorfosi – Libro Quinto

Zeus scaglia il fulmine contro Tifone, hydria calcidese a figure nere, 550 AC, Staatliche Antikensammlungen - Monaco di Baviera[68].

"Immensa sulle membra di un gigante si distende l'isola di Trinacria: sotto il suo enorme peso tiene schiacciato Tifeo, che aveva osato aspirare alle sedi dei celesti.

Lui, è vero, si agita dibattendosi per rialzarsi, ma sopra la sua mano destra sta **Peloro***, vicino all'Ausonia, sopra la sinistra tu,* **Pachino***;* **Lilibeo** *gli preme le gambe, sopra il capo gli grava l'***Etna***; e Tifeo riverso sul fondo dalla bocca inferocito erutta lava e vomita fiamme.*

Spesso si sforza di rimuovere la crosta che l'opprime e di scrollarsi di dosso città e montagne: allora trema la terra e persino il re dei morti teme che il suolo si squarci, che una voragine ne riveli i segreti e che la luce irrompendo semini tra le ombre terrore e caos."[69]

---

[68] https://it.wikipedia.org/wiki/Tifone_(mitologia)#/media/File:Zeus_Typhon_Staatliche_Antikensammlungen_596.jpg
[69] Ovidio – Le Metamorfosi – Libro Quinto

Il Mito nel Registro LIM della Regione Sicilia

La Regione Sicilia ha inserito il Mito di Tifeo - Tifone nel registro LIM (Luoghi dell'identità e della Memoria) – Luoghi degli dei e divinità minori.

Luoghi indicati nella LIM:

- Vulcano Etna
- Capo Passero (Pachino, prov. Siracusa)
- Capo Peloro (Messina)
- Capo Lillibeo (Marsala, prov. Trapani)

Il Mito nel Registro LIM della Regione Sicilia

La Regione Sicilia ha inserito il Mito di Tifeo - Tifone nel registro LIM (Luoghi dell'identità e della Memoria) – Luoghi degli dei e divinità minori.

Bronte

Bronte, personificazione del tuono, è uno dei tre fratelli conosciuti con l'appellativo di Ciclopi Uranidi. Bronte e i suoi fratelli furono alleati degli dei dell'Olimpo nella Titanomachia.

I Ciclopi Uranidi erano conosciuti anche come i giganti con un solo occhio e abili fabbri che aiutavano Vulcano a fabbricare i fulmini. Tale aspetto è ricordato anche da Virgilio (Eneide):

"All'interno d'un ampio antro manipolavano il ferro i Ciclopi Bronte, Stèrope e, nudo le membra, Piràcmon".

Bronte viveva quindi sull'Etna e a lui era attribuito lo stesso suono dei tuoni.

La leggenda vuole che l'attuale cittadina di Bronte sia stata fondata proprio dal Ciclope Bronte.

Filide e Acamante

Filide è una eroina appartenente alla mitologia greca. Esistono molte versioni del mito, in una di queste era la figlia del re di Tracia Fileo, si innamorò di Acamante, figlio di Teseo, l'eroe che aveva sconfitto il Minotauro. Ma prima di sposarsi, Acamante gli disse che sarebbe dovuto andare ad Atene per sistemare alcune questioni e che al ritorno l'avrebbe sposata. Filide acconsentì al viaggio ma prima che Acamante partisse gli donò una scatola e gli disse di tenerla chiusa e di aprirla solo se impossibilitato a ritornare da lei.

Passato il tempo stabilito per il ritorno Acamante non ritornò. Per nove volte Filide scese fino al porto con la speranza di vedere la nave che riportasse a casa l'amato Acamante. Quando vide cessare ogni speranza, distrutta dal dolore si uccise e fu trasformata in un Mandorlo spoglio.

Acamante ritorno e saputo della trasformazione si recò sul mandorlo che era stata la sua mante, abbracciò l'albero e pianse a dirotto. Le sue lacrime fecero germogliare il mandorlo che si riempì di foglie. Successivamente Acamante apri la scatola che Filide gli aveva dato ma ciò che vide lo terrorizzo, fuggendo inciampò sulla sua spada rimanendo trafitto.

Ancora oggi, l'abbraccio fra Filide e Acamante è testimoniato in primavera dalla visione dei mandorli in fiore a testimonianza del loro amore eterno

Il Mito nel Registro LIM della Regione Sicilia

La Regione Sicilia ha inserito il Mito di Filide e Acamante nel registro LIM (Luoghi dell'identità e della Memoria) – Luoghi degli dei e divinità minori.

Luoghi indicati nella LIM:

Valle dei Templi (Agrigento)

Eolo

Il Mito di Eolo è raccontato in diverse versioni, a volte distinte, a volte tra di loro sovrapposte e lo stesso Diodoro Siculo né da due versioni distinte.

Nella prima versione raccontata da Diodoro Siculo (libro IV. 67), si parla di Eolo, proveniente da Metaponto, da cui era fuggito con la madre Arne ed il fratello Beoto. Il fratello e la madre navigarono fino all'Elide, governata da Aeolo, padre di Arne che successivamente cedette il trono a Beoto. Eolo invece si impossessò delle Isole Eolie fondando la città di Lipari. Eolo è visto come il figlio di Arne e Poseidone[70], a sua volta figlia di un secondo Eolo, il quale a sua volta era figlio di Ippote e nipote del primo Eolo, il figlio di Elleno. Quindi in questa versione il nostro Eolo non è figlio di Ippote ma un suo pronipote.

Nella seconda versione raccontata dallo stesso Diodoro Siculo (libro V. 7-8), Eolo è considerato figlio di Ippote e la sua figura coincide con l'Eolo raccontato dall'Odisseo. In questa versione Diodoro racconta che le Isole Eolie, anticamente disabitate, furono occupate da Liparo, il figlio del re Ausono, vinto dai suoi fratelli ribelli nei suoi confronti, che fuggì dall'Italia fondando la città di Lipara. Quando Liparo era ormai anziano, Eolo, figlio di Ippote, giunse a Lipara con alcuni compagni, sposò Ciane, figlia di Liparo e successivamente divenne re dell'isola. Eolo introdusse tra i marinai l'uso delle vele ed aveva una grande capacità nella conoscenza dei venti locali *"e per questa ragione, il mito si è riferito come ad un tesoriere dei venti; ed per la sua grande religiosità che fu chiamato amico dei venti"*[71]

Secondo il Ciaceri, le versioni relative alle prime due figure non dovevano essere molto diverse in quanto Ippote non doveva essere altro che il Poseidone dei Greci[72]

Nella seconda versione raccontata da Diodoro si parla del figlio del re **Ausono**, costretto a fuggire dall'Italia, la cosa può essere messa in relazione con il fatto che verso il Bronzo recente (1300-1200 a.C.) e quello finale (1200-1000 a.C. circa) si assiste, sulle Eolie, una riduzione dell'influenza micenea che inizia a cedere il posto ad un tipo di cultura del tipo appenninico e subappenninico, causa questa di fenomeni migratori di popolazioni provenienti dall'Italia meridionale che porteranno oltre a nuovi influssi culturali anche l'uso del ferro[73]. Nelle isole

---

[70] Igino in "Fabulae" considera Eolo figlio di Melanippe e Poseidone
[71] Diodoro Siculo Lib. V. 7.
[72] Emanuele Ciaceri: Culti e Miti nella Storia dell'Antica Sicilia p. 302
73 Jaques Heurgon: Il mediterraneo occidentale – Dalla preistoria a Roma Arcaica p. 32

Eolie e la Sicilia nord-orientale, compare un tipo di cultura denominata dell'Ausonio che prende il nome dal popolo degli Ausoni proveniente dall'Italia meridionale e che in questo periodo estese la sua influenza sino in territorio siciliano.

Eolo nel Mito dell'Odissea

Nell'Odissea di Omero, Ulisse, nella sua quarta tappa del viaggio di ritorno da Troia a Itaca, giunge nell'isola di Eolo[74], dio dei venti, da cui viene ospitalmente accolto per un mese, ricevendo in dono l'otre dei venti, accompagnato da un divieto da non infrangere: nessuno dovrà aprire l'otre. Saranno i compagni però che, invidiosi del dono dell'ospite, ormai in prossimità di Itaca, approfittando del sonno di Odisseo, apriranno l'otre scatenando i venti che risospingeranno la nave al largo.

Il Mito nel Registro LIM della Regione Sicilia

I luoghi del Mito di Eolo sono stati inseriti dalla Regione Sicilia nel Registro LIM (Luoghi dell'Identità e della Memoria di Sicilia), settore dei Luoghi degli dei e divinità minori.

I Luoghi interessati sono:

- Isole Eolie (Messina)

---

[74] Rispetto a Diodoro Siculo, che indica Eolo semplicemente come Re dell'isola, nell'Odissea Eolo è visto come il dio dei venti

Leucosia, Partenope e Ligea

Secondo alcune versioni del mito, Leucosia, Partenope e Ligea erano tre sirene, metà donne e metà uccelli, che vivevano sugli scogli, nella costa campana, altre versioni del mito li collocano invece nello stretto di Messina. Le tre sirene, nascoste tra gli scogli, incantavano, grazie al loro canto, i naviganti che avevano la sventura di passare nelle loro vicinanze, facendo loro perdere il controllo delle navi per finire, una volta naufraghi, divorati dalle sirene. Le tre sirene sarebbero state mutate in mostri da Demetra per punirle di non aver aiutato la loro compagna di giochi Persefone (figlia di Zeus e Demetra), quando Plutone, il dio dei morti, la rapì mentre stava cogliendo fiori nella pianura di Enna insieme a loro. Il mito racconta che quando Ulisse, turate le orecchie ai compagni con la cera e fattosi legare all'albero maestro, riuscì a passare indenne ascoltando il loro canto, indispettite per non essere riuscite nel loro intento, si uccisero buttandosi in mare.

Il Mito in Sicilia

In Sicilia, abbiamo già raccontato delle sirene in occasione del viaggio di ritorno degli Argonauti dalla conquista del Vello d'oro che non diventano pasto per le Sirene, grazie al suono melodioso della lira di Orfeo.

Il mito delle sirene tocca la Sicilia anche per il racconto di Omero nell'Odissea che descrive così il loro canto:

"Per prima cosa incontrerai le Sirene, che incantano
tutti gli uomini che si avvicinano a loro.
Chiunque, senza saperlo, approda alla terra
delle Sirene e ascolta la loro voce non tornerà più a casa:
la moglie e i piccoli figli non potranno stargli accanto,
perché le Sirene lo incantano con la loro voce melodiosa.
Sono appostate su un prato, accanto a loro c'è un mucchio di ossa
di uomini in putrefazione; intorno alle ossa, la pelle si decompone.
Tu tieniti lontano, riempi di morbida cera le orecchie
dei tuoi compagni, perché nessuno possa ascoltare
la loro voce. Se tu, invece, vorrai ascoltarle
fatti legare le mani e i piedi sulla nave veloce:
fermo e legato da corde alla base dell'albero
potrai ascoltare il canto delle Sirene e goderne;
se tu ordinerai ai tuoi compagni di scioglierti,
quelli dovranno stringerti con nodi ancora più forti".
Quando i tuoi compagni le avranno oltrepassate[75]

---

[75] Odissea – Libro XII. Versi 39-55

Da notare, che a differenza di altre versioni del mito, nell'Odissea le sirene sono solo due, come si evince dai seguenti versi:

"Vieni qui, presto, glorioso Odisseo, grande vanto degli Achei;
ferma la nave perché tu possa sentire la nostra voce.
Nessuno si allontana mai da qui con la sua nave nera,
se prima non sente la voce dalle nostre labbra, suono di miele;
poi riparte pieno di gioia, conoscendo più cose."[76]

Il Mito nel Registro LIM della Regione Sicilia

Il luogo del Mito di Leucosia, Partenope e Ligea individuato nello Stretto di Messina, è stato inserito dalla Regione Sicilia nel Registro LIM (Luoghi dell'Identità e della Memoria di Sicilia), settore dei Luoghi degli dei e divinità minori.

---

[76] Odissea – Libro XII. Versi 184-188

Gorgone

Teseo e la Gorgone – Musei Vaticani - Roma

Le Gorgoni erano tre, figlie di due divinità marine: Forcite e Ceto. Erano chiamate Steno, Euriale e Medusa. La loro testa era circondata da serpenti e chiunque incrociava i loro sguardi veniva tramutato in pietra. Quando si parla solo di Gorgone, in genere ci si riferisce a Medusa, l'unica ad essere immortale, che fu uccisa da Perseo. Tra i vari autori del mito della Gorgone Medusa, va ricordato Ovidio che scrisse del mito nelle Metamorfosi (Libro IV: Perseo e Medusa (769-803)

Secondo una delle tante versioni del mito, Perseo ebbe ordine di uccidere la Medusa dal tiranno di Serifo, ella sua impresa fu aiutato da Hermes che gli dono dei sandali alati e da Atena che gli dono uno scudo. Una volta trovata la Gorgone, Perseo aspetto, per maggiore sicurezza, che Medusa si addormentasse, e usando lo scudo lucido come fosse uno specchio per evitare di guardare direttamente Medusa, le tagliò la testa. Dal tronco decapitato di Medusa uscirono, insieme ai fiotti di sangue, Pegaso, il cavallo alato e Crisaore, padre del gigante con tre teste Gerione. Secondo alcune versioni del mito, dallo stesso sangue si formò la Gorgonia (corallo).

Il Mito nel Registro LIM della Regione Sicilia

I luoghi del Mito della Gorgone sono stati inseriti dalla Regione Sicilia nel Registro LIM (Luoghi dell'Identità e della Memoria di Sicilia), settore dei Luoghi degli dei e divinità minori. I luoghi interessati dal riconoscimento sono i **Banchi Coralliferi di Trapani**

3. Popoli Leggendari

Giganti

I Giganti, illustrazione Gustave Dorè, Divina commedia, Inferno, canto XXXI[77]

Il popolo dei Giganti è probabilmente lo stesso a cui appartenevano il popolo dei Ciclopi e quello dei Lestrigoni.

Tommaso Fazello li chiama Ciclopi e li considera i primi abitatori della Sicilia; Giovanni Di-Blasi invece distingue Giganti e Ciclopi, non crede nei primi e considera invece questi ultimi come i primi abitatori della Sicilia[78]

---

[77]https://upload.wikimedia.org/wikipedia/commons/4/4c/Gustave_Dor%C3%A9_-_Dante_Alighieri_-_Inferno_-_Plate_65_%28Canto_XXXI_-_The_Titans%29.jpg
78 Storia di Sicilia libro primo, capitolo secondo e terzo

Il Fazello, che crede nei giganti chiamandoli popolo dei ciclopi, li dipinge come dei gran cattivoni:

"Costoro confidatisi nella gagliardia, e grandezza de' lor corpi, havendo ritrovate l'armi, opprimevano tutti quanti gli altri huomini, et essendo molto lascivi, et libidinosi, furno inventori delle tende de' padiglioni, de gl'instrumenti musicali, e di tutte l'altre lascivie, e delicatezze. Essi mangiavan gli huomini, e procuravan d'haver de' bambini non nati, ò sconciature, per mangiarsegli, et usavano (ndr: si univano carnalmente) *indifferentemente con le madri, con le sorelle, con figliuole, co' maschi, e con le bestie. e non era sceleratezza alcuna ch'eglino non havessero ardir di commettere, essendo in un medesimo tempo dispregiatori della Religione, e de gli Dei"*[79]

Il Fazello racconta di numerosi ritrovamenti anche in Sicilia di cadaveri di giganti, che però, una volta venuti alla luce, si riducono in polvere, non lasciando tracce se non qualche dente.

Riportiamo alcuni di questi ritrovamenti indicati dal Fazello come li racconta Giovanni di Blasi:

"L'anno 1342. Dice egli, alcuni contadini cavando il terreno per fare i fondamenti di una lor casa. Si abbatterono in un antro grandissimo, dove essendo entrati trovarono a sedere un uomo di una smisurata grandezza. Sbigottiti corsero alla terra e racontarono agli Ericini lo spaventevole mostro che veduto avevano; questi preser le armi, e portarono seco torce accese, entrati nell'atro, trovarono l'indicato cadavere umano, che stava a sedere appoggiato colla sinistra ad un bastone, a guisa di un albero di nave. Sembrava alla vista intero, ma appena toccato, il bastone ed il corpo si risolverono in polvere, salvo una grossa verga di piombo ch'era dentro il bastone, tre denti mascellari di incredibile grossezza, e la parte anteriore del cranio, ove potevano entrare parecchie moggia di crano che rimasero saldi ed interi. Fu creduto il corpo di Erice figliuolo di Buthe, che il Boccaccio[80] racconta ucciso da Ercole. Un altro cadavere gigantesco fu trovato l'anno 1516 in Mazzarino con un capo così grande, che sembrava una botte, ma questo col solito successo, appena toccato, si risolvè in polvere, rimanendo solo i denti mascellari ciascuno dei quali pesava cinque once[81]."

---

79 Fazello: Storia di Sicilia capitolo sesto: De gli habitatori di Sicilia
80 Giovanni Boccaccio: Genealogia degli Dei, lib. 4, cap. 68
81 Giovanni E. Di-Blasi: Storia del Regno di Sicilia. Vol. I p. 13

Ancora altri ritrovamenti, questa volta riportati direttamente dal libro del Fazello:

"Milillo è un castelletto in su la cima de' Monti Iblei vicini al mare, il quale è tra Leontino, e Siracusa; poco sotto a questo castello, a le radici del monte dove è l'indeficiente fonte di S. Cosmano, si vedono sepolture di Giganti, lequali sono di grandezza incredibile, fuor delle quali son cavati del continuo denti mascellari grandi, e grandissime ossa da coloro, che son diligenti, e studiosi d'haver cose antiche. Molti di questi denti mi sono stati dati da Pietro Paulo, ch'è uno de' nobili di quella terra, e molto curioso investigatore di simili cose, i quali io conservo con gran diligenza, per poterne far fede a chi non lo credesse, e ciascuno di quelli pesa quasi quattro once.

Iccara è un'antichissimo castello de' Sicani, hoggi detto Carini, et è lontano da Palermo verso Ponente dodici miglia. In questo paese ci è un monte verso Ponente, chiamato monte lungo, a pie del quale è un'antro grandissimo, e ha nome Piraino, detto cosi da un castello, ch'è lontano tre miglia, dove sono molte sepolture di Giganti, onde si cavano denti, et ossa di maravigliosa grandezza. Di questa cosa ne son testimoni i proprij huomini d'Iccara, e insieme con loro quelli di Palermo. Ne posso far ancor io chiarissima, et indubitatissima fede, come quello, che mi trovo ricco d'un'osso di spalle di gigante grandissimo, e quasi simile a una cosa monstrosa, il qual fu disotterato di quivi.

***

Calatrasi è una Rocca, poco lontana da Entella, di cui essendo morto il Capitano l'anno MDL, e volendolo sepellire, mentre che s'andava cavando la fossa in Chiesa, s'abbaterno i cavatori in una sagrestia ò stanza sotterranea fatta in volta, e vi trovaron dentro un corpo humano lungo quasi ventiduo cubiti: della cui grandezza prima cominciatisi a maravigliare, e poi ridersene, presero la testa, laquale era di circuito forse venti piedi, e fattone come dir un bersaglio, vi cominciarono a trar dentro de' sassi: et havendola [39] spezzata in molte parti, serbaron solamente i denti, e tutto il resto del capo e del corpo messero sotterra.

***

Petraglia inferiore è un castello mediterraneo, et è moderno, in un villaggio del quale, chiamato Billicino, mentre che Bartolo da Petraglia, Artalo, Curtio, e Niccolò da Camerata, et altri muratori, l'anno MDLII. faceano i granai per Susanna Gonzaga, Signora del Castello, e moglie del Conte Pietro Cardona Golisano, s'abbatterono a caso in molte sepolture di Giganti, ch'eran chiuse con certe pietre quadre, dentro alle quali trovarono molti corpi humani, i quali passavan l'uno piu d'otto cubiti di lunghezza. de' quali corpi, Susanna, per esser ella non men nobile di sangue, che liberale, e generosa d'animo, mi mandò a donar insino a Palermo una mascella con due denti mascellari, i quali pesavan quasi due once l'uno, e queste cose, tutte serbo appresso di me, con gran diligenza, e cura." [82]

Lestrigoni

Non si racconta molto di loro salvo il fatto che erano un popolo rozzo e antropofago la cui sede era, secondo gli storici Tucidide e Fazello[83], presso **Lentini**.

Secondo il Di-Blasi , i Lestrigoni venivano chiamati ora con un nome ora con un altro a seconda dei casi e riporta quanto detto dal Fazello che considera i Lestrigoni, Ciclopi e che l'appellativo di Lestrigoni deriva dai *ladronecci* che commettevano scorrendo il mediterraneo[84]. Sempre il Di-Blasi ricorda come Samuel Bochart nel suo libro "Geographia sacra" indica che la parola Lestrigoni sia fenicia, e che significa un leone che divora e che perciò i Lestrigoni furono chiamati prima Leonini e poi Leontini.

La leggenda di Ulisse mette i Lestrigoni in similitudine con i ciclopi, raccontando che erano un popolo di giganti antropofagi, il loro re **Antifate** fece distruggere la flotta di **Ulisse**, infilzando gli uomini catturati con enormi spiedi. Dalla strage si salvò solo la nave di Ulisse, rimasta all'ancora fuori dal porto[85].

Ulisse e la lotta con i Lestrigoni (da: The Frances Lehman Loeb Art Center - Poughkeepsie - New York)

---

83 Tucidide: Lib. VI.2 e Fazello: Storia di Sicilia Libro terzo, capitolo terzo.
84 Giovanni E. Di-Blasi: Storia del Regno di Sicilia. Vol. I p. 19
85 Omero, Odissea. Libro X

Recenti teorie associano i Lestrigoni agli Ecatonchiri, figure antropomorfe con cento teste e cinquanta braccia legate alle discese laviche. Avevano il compito di vigilare le porte dell'Ade, che si trovavano nell'Etna[86].

Attacco dei Lestrigoni a Ulisse, scene dell'Odissea dagli affreschi della casa di via Graziosa, Roma (I secolo a.C.)[87]

---

86 https://www.beniculturali.it/comunicato/nuove-ipotesi-sul-mito-dei-giganti-i-ciclopi-i-lestrigoni
87 https://it.wikipedia.org/wiki/Lestrigoni#/media/File:Casa_di_via_graziosa,_scena_dell'odissea_(attacco_dei_lestrigoni),_I_secolo_ac.jpg

Feaci

Secondo Omero i Feaci abitavano la Sicilia nello stesso periodo dei Ciclopi con un grado di civiltà maggiore rispetto a questi ma con minore capacità combattiva, per cui per paura dei Ciclopi emigrarono assieme al loro **Re Nausitoo** nella Scheria, l'attuale **Corfù** aiutati in ciò dalla loro conoscenza dell'arte nautica. I Feaci erano infatti creduti un popolo di marinai.

Secondo gli storici Vibio Lequestro ed Eustazio[88], Ipperia, che fu poi detta **Camarina**, era una città dei Feaci. Effettivamente l'archeologia ha dimostrato che ancora prima del 589 a.C., anno in cui si vuole che Camarina sia stata fondata da Siracusa, esisteva una Camarina preellenica abitata dai siculi[89].

---

88 Giovanni E. Di-Blasi: Storia del Regno di Sicilia. Vol. I p. 20: Filippo Garofalo: Discorsi sopra e l'antica e moderna Ragusa. P. 3
89 Biagio Pace: Camarina p. 25

Lotofagi

Ulisse tra i Lotofagi in un disegno del XVIII sec.

Secondo Erodoto i Lotofagi vivevano nelle coste africane, cibandosi esclusivamente del frutto del loto:

"Questo frutto di loto è grosso quanto una bacca di lentisco e per dolcezza è molto simile al frutto della palma: i lotofagi detraggono anche un vino"[90]*"*

In realtà con il nome di Loto gli antichi indicarono piante assai diverse tra di loro; la più famosa era l'albero dei Lotofagi il cui frutto, secondo Omero, era così buono da far dimenticare la patria agli stranieri.

Quest'albero detto *"Ziziphus lotus"* o piu semplicemente "giuggiolo selvaggio" (*"Nzinzuli sarvaggi"*) è un arbusto della zona Mediterranea che cresce anche in Sicilia.

---

[90] Erodoto (Lib. IV.177).

Nel IX libro dell'Odissea (vv. 82-102), si narra come Ulisse approdasse presso questo popolo dopo nove giorni di tempesta che lo portarono oltre l'isola di Citera. I Lotofagi accolsero bene i compagni di Ulisse e offrirono loro il dolce frutto del loto, unico loro alimento che però aveva la caratteristica di far perdere la memoria, per cui Ulisse dovette imbarcarli a forza e prendere subito il largo per evitare che tutto l'equipaggio, cibandosi di loto, dimenticasse la patria e volesse fermarsi in quella terra.

In Sicilia scrittori del passato hanno ipotizzato che la sede dei Lotofagi fosse nella zona meridionale dell'isola e precisamente da Camarina fino ad Agrigento[91].

---

91 Discorsi sopra l'antica e moderna Ragusa di Garofalo Filippo. p. 3

Archivio Multimediale dei Miti e delle Leggende

Tutti i miti indicati nel presente volume, si trovano all'interno dell'Archivio Multimediale dei Miti e delle Leggende, a sua volta facente parte del più ampio archivio "

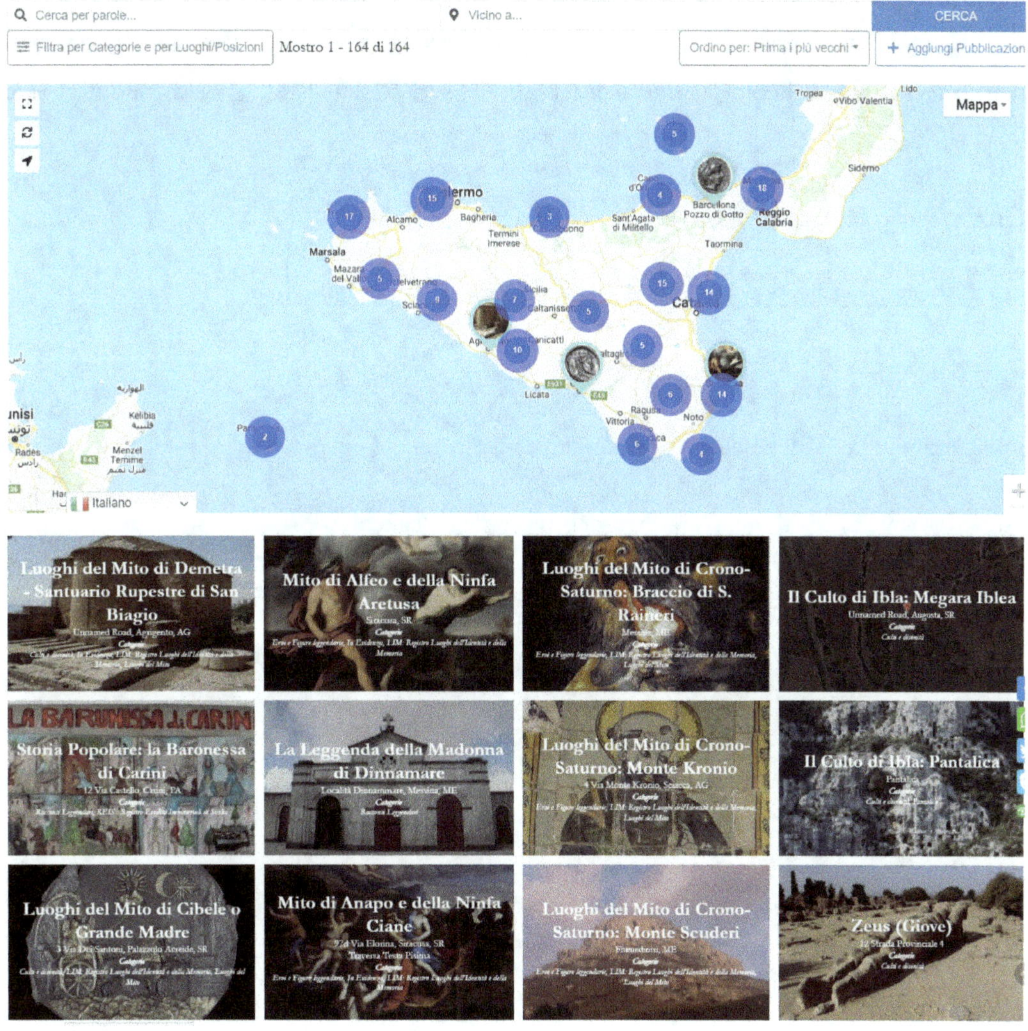

L'archivio "Heritage", primo Archivio Culturale Geo Sociale, Multi tematico e Territoriale, contenente i beni del patrimonio culturale materiale (beni culturali storico-artistico, beni paesaggistici e naturali) e immateriale (tradizione, folklore, arte, enogastronomia, artigianato tipico) di Sicilia e Malta. L'archivio, al 2022, è composto da oltre 10.000 schede multimediali.

L'archivio Heritage, non è un semplice elenco di beni visualizzabili su mappa, ma è costituito da un Database di nuova generazione con schede contenenti immagini e spesso anche video e documenti di approfondimento. Inoltre, le schede sono interattive, gli utenti possono interagire inserendo voti, commenti, recensioni, esperienze e messaggi personali agli autori. Possono anche condividere il tutto sui principali social network. Laddove è pertinente, la scheda ingloba Street View permettendo una visualizzazione a 360° del contesto in cui si trova il bene e del percorso necessario per raggiungere i singoli beni. Dall'archivio è possibile ricavare innumerevoli sotto archivi sia a carattere territoriale (provincie e comuni) sia tematico (barocco, natura, archeologia, miti e leggende, registri REI e LIM, enogastronomia, beni vincolati, ecc.)

Link Archivio Heritage:

https://www.lasiciliainrete.it/archivio-del-patrimonio-culturale-heritage/

Link Archivio dei Miti e delle Leggende:

https://www.lasiciliainrete.it/archivio-dei-miti-e-delle-leggende/

Bibliografia.

I CONTI DI RAGUSA E DELLA CONTEA DI MODICA

Di Sortino-Trono Eugenio Ragusa 1907.

LA CONTEA DI MODICA:

Di Solarino Raffaele, due volumi pubblicati uno nel 1885, l'altro postumo nel 1905.

STORIA DEL REGNO DI SICILIA:

Tre volumi editi rispettivamente nel 1844, 1846 e 1847 a Palermo di Giovanni E. Di-Blasi.

GUIDE ARCHEOLOGICHE LATERZA - SICILIA:

Di Filippo Coarelli e Mari Torelli Edizioni Laterza   Bari 1988.

SICILIA - GUIDA AI MONUMENTI:

Di Luccio Cammarata e Beppe Costa Edizioni Pellicanolibri Catania 1978.

BREVE STORIA DELLE RELIGIONI:

Di Ambrogio Donini 1959

CULTI E MITI NELLA STORIA DELL'ANTICA SICILIA:

Di Ciaceri Emanuele 1910

IL MEDITERRANEO OCCIDENTALE - DALLA PREISTORIA A ROMA ARCAICA:

Di Jacques Heurgon. Biblioteca Universale Laterza Bari 1985.

LA CIVILTA' MEDITERRANEA:

Di Sabatino Moscati Milano 1980.

MITI E LEGGENDE DEL MONDO GRECO-ROMANO.

Di Nicola Terzaghi Palermo 1938.

CUNTI E LEGGENDE DI CASA NOSTRA

Di Giovanni Selvaggio Ragusa 1991.

I FENICI

Di Giovanni Chiera Roma 1979.

STORIA DELL'ITALIA ANTICA

Di Ettore Pais Roma 1925.

STORIA UNIVERSALE

Di Carl Grimberg Stoccolma 1941.

BIBLIOTECA STORICA

Di Diodoro Siculo.

LE CIVILTA' ANTICHE

Di A. Camera Zanichelli 1975.

IBLA EREA

Di Giuseppe Leggio Ragusa 1978.

NICIA

Di Plutarco

LA GUERRA DEL PELOPONNESO

Di Tucidide (libri I-VIII)

SICILIA OCCIDENTALE

Di Tusa e De Miro.

ENCICLOPEDIA DEI MITI

Garzanti Editore 1990.

DEI MITI

Enciclopedia di mitologia universale di A Morelli.

MANUALE DELLE RELIGIONI E MITOLOGIA DEI GRECI E DEI ROMANI.

E.W. Stoll. Milano 1990.

INTRODUZIONE ALLA PREISTORIA

Di Hermann Mueller. Universale Laterza Bari 1979.

STORIA DELLA SICILIA ANTICA

Di Moses Finley. Universale Laterza Bari 1985.

LA SICILIA PRIMA DEI GRECI

L. Bernabò Brea. Milano 1966.

STORIA DEI MUSULMANI IN SICILIA

Michele Amari. Firenze 1854, Catania 1939.

GRECI ED ORIGINI DI ROMA.

Carl Grinberg. Stoccolma 1968.

L'ITALIA CENTRO MERIDIONALE PRIMA DEI ROMANI

David H. Trump. Milano 1978.

DEI ED EROI.

Eugenio Treves.   Milano 1961.

LE RELIGIONI DEI MISTERI NEL MONDO ANTICO.

Nicola Turchi.   Roma 1923.

IL PROCESSO DI VERRE.

Cicerone.

SACRIFICI UMANI E OMICIDI RITUALI NELL'ANTICHITA'

Di Vincenzo Manzini. Edizione i Dioscuri Genova 1988.

DEI E DIAVOLI DEL PAGANESIMO MORENTE

Di Carlo Pascal. Edizione i Dioscuri Genova 1988.

SICILIA MISTERICA.

Di Giuseppe La Monica Palermo 1982.

I "NUDI" DI S. SEBASTIANO AD AVOLA E MELILLI.

Di Sebastiano Burgaretta. Gibellina 1983 Tratto dalla serie:

Piccola Biblioteca delle tradizioni popolari Siciliane.

FIABE NOVELLE E RACCONTI POPOLARI SICILIANI VOL. IV.

Di Giuseppe Pitrè. In Biblioteca delle tradizioni popolari Siciliane vol. VII. Palermo 1875.

VIAGGIO IN SICILIA E A MALTA - 1770.

Di Patrik Brydone. Edizione Longanesi. Milano 1968.

LA RELIGIOSITA' NELLA PREISTORIA.

Di F. Facchini, M. Gimbutas, J.K. Kozlowski, B. Vandermeersch Milano 1991.

FESTE PATRONALI IN SICILIA

Di Giuseppe Pitrè. In Biblioteca delle tradizioni popolari Siciliane vol. XXI. Palermo 1900

MITOLOGIA CLASSICA ILLUSTRATA

Di Felice Ramorino Milano 1988.

SCOPERTE DI ARCHEOLOGIA ORIENTALE

Di   Paolo Matthiae Laterza Bari 1986.

SPETTACOLI E FESTE POPOLARI SICILIANE

Di Giuseppe Pitrè. In Biblioteca delle tradizioni popolari Siciliane vol. XII. Palermo 1881.

TEOGONIA

Di Esiodo.

LE RELIGIONI NELL'IMPERO ROMANO

Di John Ferguson. Laterza Bari 1989

FIABE E LEGGENDE

Di Giuseppe Pitrè. In Biblioteca delle tradizioni popolari Siciliane vol. XVIII Palermo 1888.

IL CRISTIANESIMO IN ITALIA

Di Giuseppe Alberigo Laterza 1989.

USI E COSTUMI CREDENZE E PREGIUDIZI DEL POPOLO SICILIANO VOL. IV.

Di Giuseppe Pitrè. In Biblioteca delle tradizioni popolari Siciliane vol. XVII Palermo 1889

VIAGGIO IN GRECIA, GUIDA ANTIQUARIA E ARTISTICA
LIBRO PRIMO: ATTICA E MEGARIDE.

Di Pausania. Tradotto da Salvatore Rizzo Edizione BUR 1991.

VIAGGIO IN GRECIA, GUIDA ANTIQUARIA E ARTISTICA
LIBRO SECONDO: CORINZIA E ARGOLIDE.

Di Pausania. Tradotto da Salvatore Rizzo Edizione BUR 1992.

L'ARTE EUROPEA DELLE ORIGINI - PREISTORIA E PROTOSTORIA.

Di Walter Torbrügge. Rizzoli editori Milano 1969.

STORIA DELLA SICILIA NELL'ANTICHITÀ

Di Adolfo Holm. Edizione Clio Catania 1993.

ARTE E CIVILTÀ' DELLA SICILIA ANTICA

Di Biagio Pace Edizione Società editrice Dante Alighieri 4 volumi: vol. I 1958 (II ediz.), vol. II 1938, vol. III 1945, vol. IV

DE REBUS SICULIS

Di Tommaso Fazello. Traduzione a cura della Regione Siciliana, Assessorato ai Beni Culturali e Ambientali e della Pubblica Istruzione. Palermo 1990.

LEGGENDE POLARI SICILIANE

Di S. Salomone Marino (Palermo 1880). Edizione Clio Catania 1993.

SICILIA ANTICA

Di Luigi Pareti Editore Palumbo. Palermo 1959.